"做"而论道

——提升基层治理能力的实践探析

辛鑫 著

吉林大学出版社
·长春·

图书在版编目（CIP）数据

"做"而论道：提升基层治理能力的实践探析 / 辛鑫著. — 长春：吉林大学出版社，2024.3
ISBN 978-7-5768-3286-0
Ⅰ.D267
中国国家版本馆 CIP 数据核字第 2024KP3336 号

书　　名	"做"而论道——提升基层治理能力的实践探析
	"ZUO" ER LUNDAO——TISHENG JICENG ZHILI NENGLI DE SHIJIAN TANXI
作　　者	辛　鑫
策划编辑	矫　正
责任编辑	矫　正
责任校对	张文涛
装帧设计	久利图文
出版发行	吉林大学出版社
社　　址	长春市人民大街 4059 号
邮政编码	130021
发行电话	0431-89580036/58
网　　址	http://www.jlup.com.cn
电子邮箱	jldxcbs@sina.com
印　　刷	天津鑫恒彩印刷有限公司
开　　本	787mm×1092mm　1/16
印　　张	8
字　　数	150 千字
版　　次	2025 年 1 月　　第 1 版
印　　次	2025 年 1 月　　第 1 次
书　　号	ISBN 978-7-5768-3286-0
定　　价	48.00 元

版权所有　翻印必究

前　言

"坐而论道"与"做而论道",虽一字之差,但却是"空谈"还是"实干"的作风之别。……"做而论道",不仅贵在"做",更在"做"后坚持"论道",及时从实践中总结经验,摸出规律,留给后来者作路标。[①]

党的二十大报告指出:"建设堪当民族复兴重任的高素质干部队伍。"[②] 为政之要,莫先乎人;成事之要,关键在人。党的干部是党和国家事业的中坚力量,中华民族伟大民族复兴需要提升干部队伍的治理能力,广大干部应不断提升本领,在事业发展中锻炼成长。在中国革命、建设和改革的各个历史时期,中国共产党始终高度重视干部队伍建设,坚持德才兼备、以德为先,培养选拔了一批又一批素质过硬的干部,这是中国共产党取得百年奋斗成就的关键因素。中国特色社会主义进入新时代,我们党着力培养造就忠诚干净担当的高素质干部队伍,为新时代十年伟大成就的取得、实现中华民族伟大复兴进入不可逆转的历史进程提供了坚强的组织保证。

当前,世界百年未有之大变局加速演进,国际环境日趋复杂,不稳定性不确定性明显增加。我国发展进入各种风险挑战不断积累甚至集中显露的时期,在前进道路上我们面临重大课题、急难险阻、风高浪急的考验将越来越复杂。当严峻形势与复杂任务摆在面前时,党的事业继续向前推进需要有一支堪当民族复兴重任的高素质干部队伍。

中国特色社会主义进入新时代,培养干部队伍的专业能力、涵养专业精神、提升干部队伍治理能力的现代化、激励干部队伍担当作为,增强干

---

① 陈思炳. "做"而论道[N]. 文摘报, 2022-01-15(03).
② 习近平. 高举中国特色社会主义伟大旗帜,为全面建设社会主义现代化国家而团结奋斗——在中国共产党第二十次全国代表大会上的报告(2022年10月16日)[M]. 北京:人民出版社, 2022:84.

部队伍适应新时代中国特色社会主义发展要求的能力，成为高度重视的重大现实议题。本书对如何打造高素质干部队伍进行探讨，以打造高素质干部队伍为根本出发点，探讨提升干部队伍能堪重任的专业素养、涵养干部队伍能堪重任的治理思维、激发干部队伍能堪重任的内生动力以及增强干部队伍能堪重任的担当意识，并从干部工作史中探寻打造高素质干部队伍建设的宝贵经验与重要启示。党的二十大指出："从现在起，中国共产党的中心任务就是团结带领全国各族人民全面建成社会主义现代化强国、实现第二个百年奋斗目标，以中国式现代化全面推进中华民族伟大复兴。"①宏伟的事业，需要提升干部队伍治理能力的现代化，干部队伍治理能力的提升，对于以中国式现代化全面推进中华民族伟大复兴具有深远战略考量和重要现实意义。

---

① 习近平. 高举中国特色社会主义伟大旗帜 为全面建设社会主义现代化国家而团结奋斗——在中国共产党第二十次全国代表大会上的报告（2022年10月16日）[M]. 北京：人民出版社，2022：21.

目 录

第一章 提升专业能力是治理能力现代化的必然要求 ………… 1
  第一节 干部 …………………………………………………… 1
  第二节 专业能力提升的重要内容 …………………………… 5
  第三节 提升专业能力的实践探索 …………………………… 13

第二章 涵养干部队伍能堪重任的治理能力 …………………… 29
  第一节 注重以现代化的治理思维破解实际问题 …………… 30
  第二节 干部队伍治理能力的内在要求 ……………………… 35
  第三节 治理能力现代化的现实需要 ………………………… 37
  第四节 在治理实践中实现自我提升 ………………………… 40
  第五节 提升治理能力的经验与启示 ………………………… 42

第三章 增强干部队伍的担当意识 ……………………………… 52
  第一节 干部队伍担当作为的重要意义 ……………………… 52
  第二节 干部队伍担当作为的内在要求 ……………………… 57
  第三节 增强干部队伍担当作为的方法路径 ………………… 62

第四章 提升治理能力的内生动力 ……………………………… 75
  第一节 完善干部考核评价机制,激发高质量发展活力 …… 75
  第二节 引导干部树立正确的政绩观 ………………………… 81
  第三节 以制度细化为担当作为保驾护航 …………………… 85

第五章　在干部队伍建设实践中探寻规律	94
第一节　干部队伍建设百年征程回望	94
第二节　百年干部工作史的经验启示	104
第三节　对干部队伍建设的一些思考	108
结　　语	117
参考文献	118

第一章 提升专业能力是治理能力现代化的必然要求

习近平总书记指出："要把专业化建设摆到更加重要的位置来抓,注重培养专业能力、专业精神,增强干部队伍适应新时代中国特色社会主义发展要求的能力。"① 不断探索和提升干部队伍的专业能力是治理能力现代化的必然要求。干部队伍是党和国家事业发展的中坚力量,在当前复杂多变的国内外形势下,完成好艰巨繁重的任务,不仅考验着干部的担当精神,更考验着干部的专业能力。因此,必须增强干部队伍的实践锻炼、专业训练,使广大干部的专业能力、实践本领跟上时代发展步伐。干部队伍应补齐能力短板、填补知识弱项、消除经验盲区,以专业知识、专业能力在破解突出问题与发展难题中提高领导能力和水平,持续提升治理能力。

第一节 干部

(一)"干部"的概念

"干部"是当代中国政治中特有的概念,一直以来学界对它有过很多的研究。这些研究大多从各自的目的出发静态地定义"干部",这些定义增加了理解"干部"的经验性材料。"干部"一词是日本人翻译的外来词,源于法文。日文中的"幹部"有三个含义:相对于枝叶的树干的意思,即

---

① 习近平. 论坚持党对一切工作的领导[M]. 北京:中央文献出版社,2019:307.

中心部；团体、公司的首脑，即首脑部；部队中对将校、下级士官的称谓。^①引入中文后，"干部"剥去了日语原有的非政治性含义，成为一个政治领域的专有名词。最早出现"干部"一词的中文文献，是梁启超在横滨主办的《清议报》1901年第100期"时论译录"栏目中，翻译自《东京日日新闻报》的《明治政党小史》，译者是留日的中国学生，"其干部之组织，则设总理及副总理各一名，党议员若干名，干事五名，俱属党员公选"^②。"干部"最初在汉语中有两个意思：一是指政党、社团、政府等的主干机构，二是政党、军队、社团中的骨干人员。"干部"一词已经被许多国家所采用，指在国家机关和公共团体中起骨干作用的人员。1922年7月，中国共产党第二次全国代表大会制定的党章中，首次使用了"干部"一词。从此以后，在中国共产党和国家机关、军队、人民团体、科学、文化等部门和企事业单位中担任一定公职的人员都称为"干部"。中国共产党的十二大党章明确指出："干部是党的事业的骨干，是人民的公仆。"^③这是对我国干部的本质特征所作出的科学概括，也是区别于任何剥削阶级官吏的根本标志。

（二）干部的含义

干部源于革命战争时期革命者的形象，在中国共产党成立初期，干部指党的任务的执行者，他们是领导和参与工农、军队、青年及少数民族等革命运动的骨干。第一，干部是工农运动中的骨干。"他们（工农群众）在这种初期解放运动中因客观的情形，不免是一种缺乏组织的状态，苟能有大批的干部人才及上面的正确领导，亦能有很多的补助，……"^④第二，干部是军人运动的骨干。"在政治方面，目前国民军具有更强的革命性，并要求我们派遣革命的政工干部，……"^⑤"选得力的干部去白区进行工

---

① ［日］日本大辞典刊行会编. 日本国语大辞典［M］. 东京：小学馆，1973.
② 佚名. 时论译录：明治政党小史（东京日日新闻报）［J］. 清议报，1901（100）. 参见［意］乔治·萨托利. 政党与政党体制［M］. 王明进，译. 北京：商务印书馆，2006.
③ 中国共产党第十二次全国代表大会文件汇编［M］. 北京：人民出版社，1982：118.
④ 张太雷文集［M］. 北京：人民出版社，1981：316.
⑤ 中国李大钊研究会编. 李大钊全集（1-5）（最新注释本）［M］. 北京：人民出版社，2006：115.

作，特别是苏区四周的据点和炮台里面的难民与守兵的运动，……"①第三，干部是青年运动中的骨干。"城市工作没有大的进展，干部缺乏得厉害，团特委原是九人，因工作的变动与牺牲，现只六人了，指导上实不健全。"②第四，干部是领导少数民族运动的骨干。"急需派出一批负责干部到大规模的回族农民起义的地区去……领导它们。"③在革命战争时期，干部作为革命的先驱，时刻处于危险严酷的战争环境，随时都有被捕入狱和牺牲的可能。因此革命战争时期的干部必须具有坚定的理想信念和一心为公的至高境界。"每个共产党员入党的时候，心目中就悬着为现在的新民主主义革命而奋斗和为将来的社会主义和共产主义而奋斗这样两个明确的目标，……"④党的干部在行为上遵守民主集中制原则，在工作实践中密切联系群众。"无产阶级是被压迫的阶级、手里没有权力的阶级，要从被压迫的地位、没有权力的地位求得解放，取得权力，非有严肃的纪律不可，必须坚持集中统一、思想一致、行动一致，保持党的纯洁性。"⑤"群众是我们革命的基础，革命运动的成败，完全要看群众运动的基础如何。"⑥在革命战争时期，党的干部应具备政治素养和工作能力，正如毛泽东所讲的那样："共产党的干部，应是以能否坚决地执行党的路线，服从党的纪律，和群众有密切的联系，有独立的工作能力，积极肯干，不谋私利为标准，……"⑦

新中国成立后，中国共产党对干部在思想和行为上的要求几乎没有太大改变，改革开放前仍然用革命干部的标准要求全体干部。改革开放后，尽管中国社会的政治环境与经济情况发生了重大转变，中国共产党对干部队伍的要求一如既往，在思想上，强调党的干部应具备坚定的理想信念，在工作作风上要求党的干部大公无私，"我们过去几十年艰苦奋斗，就是

---

① 中共江西省委党史研究室，江西省方志敏研究会编. 方志敏全集[M]. 北京：人民出版社，2012：425.
② 邓中夏. 邓中夏全集（全3册）[M]. 北京：人民出版社，2014：1650.
③ 瞿秋白. 瞿秋白文集：政治理论编（第六卷）[M]. 北京：人民出版社，2013：362.
④ 毛泽东选集（第三卷）[M]. 北京：人民出版社，1991：1059.
⑤ 中共中央文献研究室编. 毛泽东文集（第3卷）[M]. 北京：人民出版社，1996：260.
⑥ 恽代英. 恽代英文集（下卷）[M]. 北京：人民出版社，1984：906.
⑦ 毛泽东选集（第二卷）[M]. 北京：人民出版社，1991：527.

靠用坚定的信念把人民团结起来,为人民自己的利益而奋斗。没有这样的信念,就没有凝聚力。"①

在革命、建设与改革时期,理想信念都是中国共产党对干部队伍的首要要求。"理想信念坚定,是好干部第一位的标准,是不是好干部首先看这一条。如果理想信念不坚定,不相信马克思主义,不相信中国特色社会主义,政治上不合格,经不起风浪,这样的干部能耐再大也不是我们党需要的好干部。"②"作为党的干部,就是要讲大公无私、公私分明、先公后私、公而忘私,……"③在工作作风上,党中央始终强调党的干部要坚持民主集中制并坚持密切联系群众。"解放思想,开动脑筋,一个十分重要的条件就是要真正实行无产阶级的民主集中制。我们需要集中统一的领导,但是必须有充分的民主,才能做到正确的集中。"④"所有的同志都要密切联系群众,特别是同非党群众商量问题,依靠群众解决问题……总之,如果脱离实际,脱离群众,看不起群众,遇事不同群众商量,不同非党人士商量,天天看领导的脸色,将来一定要栽大跟头。"⑤新中国成立后,革命战争时期的党的干部标准在实践中被中国共产党继承下来,为未来的干部队伍建设提供了重要规范与根本遵循。这种规范与遵循成为当代中国共产党干部队伍建设的重要标准。

此外,干部也不局限于党内人员,党外人士具有同样的职务,也是干部。如毛泽东曾提出:"凡与我党共事的党外人员,在法律上是与共产党员完全平等的。……在学习上,……无论在职干部教育或学校教育,党外人员均与共产党员有同样的学习权利。"⑥新中国成立之后,中国共产党的中心任务转移到社会主义建设上,中国共产党要领导工业和社会建设,因此,延安时期形成的、党政军群系统内的干部与非干部的分类方式也向企业和

---

① 邓小平. 邓小平文选(第三卷)[M]. 北京:人民出版社,1993:190.
② 习近平. 习近平谈治国理政(第一卷)[M]. 北京:外文出版社,2018:413.
③ 习近平. 习近平谈治国理政(第一卷)[M]. 北京:外文出版社,2018:394.
④ 邓小平. 邓小平文选(第二卷)[M]. 北京:人民出版社,1994:144.
⑤ 中共中央文献研究室编. 邓小平文集(一九四九——一九七四年)[M]. 北京:人民出版社,2014:306.
⑥ 中共中央文献研究室编. 毛泽东文集(第二卷)(一九三七年八月——一九四二年十二月)[M]. 北京:人民出版社,1993:398.

第一章 提升专业能力是治理能力现代化的必然要求

事业单位延伸。在企业与事业单位中,干部是与工人身份不同的特定职位的担当者。"工矿企业、事业机关如果需要提拔工人当干部,须经市委批准。"①改革开放后,开始推行市场化改革,国家不再干涉私人企业的人事问题,但在中国共产党直接领导的部门——党政机关、企事业单位、群众团体、居委会、村委会等,占据特定职位的、从事脑力劳动的工作人员仍然被称为干部,例如在机构中从事领导、管理、技术、文字、教育科研等工作的人员。

第二节　专业能力提升的重要内容

一、专业化

提升干部队伍专业化水平,首先应该清晰地界定"专业化"这一概念——何为专业,何为专业化,何为干部队伍的专业化。对干部与干部队伍专业化相关概念进行清晰的界定,能够更加准确地理解干部队伍专业化的重要内涵。

专业,主要指研究的某种学业或从事的某种事业。专业是人类对自然界和人类社会的认识达到一定广度和深度的具体工作或岗位,是社会分工、职业分化的结果。专业化,是指职业个体或群体按照一定的专业特点与标准规范,不断提高专业能力和专业水平,以使其逐渐符合专业化的标准,获取专业地位的动态过程。专业化是一个职业的发展过程和发展状态,它既是一个特定职业个体或群体逐渐符合专业标准、达到专业水平的实践过程,又是一个职业的专业性质和发展状态所处水平的具体体现。干部队伍专业化是针对广大党员干部和国家公职人员这一特殊群体而言的一个特定概念。干部队伍专业化需要明确一个重要的问题,即干部队伍专业化不能认为就是干部队伍知识化。知识化是专业化的重要组成部分,专业化包含

---

① 中共中央文献研究室编.建国以来重要文献选编(第十册)[M].北京:中央文献出版社,1994:46.

知识化，但知识化并不是专业化的全部；干部队伍专业化也不是干部队伍管理经验和技能的专业化。作为干部必须具有一定的管理经验和技能，但这只是适应本职工作特别是管理岗位的一个要素。在现代社会中，干部在工作实践中仅有管理经验是很难适应深化改革发展的现实需要的；干部队伍专业化还需要一种专业化的职业操守，这种职业操守在工作实践中体现为对所从事职业的热爱、专注、责任担当与执着追求，从业者能够自觉地依据岗位规章制度与专业要求规范开展工作的严谨精神。

二、干部队伍专业化

（一）干部队伍专业化的内容

第一，干部依据岗位需求所具备的专业知识。专业知识是干部队伍专业化的根本要求，是干部队伍做好本职工作的首要条件，干部队伍能否实现专业化，干部掌握的专业知识是重要的基础。专业知识是指干部在工作实践中所具有的本部门或所从事行业的业务能力需要而应掌握的相关知识，干部专业知识掌握的情况决定着干部在工作中的工作效果，更关系着干部专业化的实现程度。

第二，各个岗位上的领导干部的管理能力与领导艺术。领导干部在具备专业知识的同时，应该具备相应的管理知识、管理技能以及领导科学和领导艺术。领导干部在工作中的重要任务就是对本部门的管理、协调与统筹，如何更好地进行日常管理，掌握相应的管理知识和管理技能是重要的基础。而领导干部对领导科学和领导艺术的掌握，决定着干部在日常管理、统筹、协调工作中能否更加顺利、更加高效。因此，干部队伍的专业化，领导知识与领导艺术是其中的关键要素。

第三，干部所从事行业的职业操守与专业精神。敬业精神是从事任何行业、做好任何工作的内在动力。从事某一工作要有干一行爱一行的敬业意识，要有干一行专一行的钻研精神。对职业的热爱与敬业精神，是干部队伍专业化的内在要求。干部队伍专业化应由专业知识、管理经验和专业精神三个重要的方面组成，是这三个重要内容的高度概括和集中体现，更是专业能力和专业精神的科学组合。

（二）干部队伍专业知识的主要内涵

党的十九大强调："注重培养专业能力、专业精神，增强干部队伍适应新时代中国特色社会主义发展要求的能力。"① 这实际上明确了干部队伍专业化的两个核心要素，即干部队伍的专业能力和专业精神。专业能力是干部队伍应具备的履行本岗位职责的重要素养，包括干部的专业思维、专业知识和专业方法三个方面。专业思维是指干部依据所具备的专业理念以及在工作中不断积累的经验开展工作的特定思维方式。专业知识是指干部为解决实际问题所掌握的专业知识体系。干部队伍的专业知识主要包括三个方面：第一是政策理论性知识，即作为一名干部应熟悉掌握的党的基本理论、基本路线、基本方略，这是开展工作的重要基础。第二是干部在本部门工作中进行管理活动应具备的专业技术知识及专业能力，这是开展工作的决定性条件。第三是干部在岗位中应具备的应用型知识，例如现代化管理知识、领导科学、领导艺术等，这是工作能够顺利开展的重要保障。专业方法是指干部在不同工作岗位、不同管理职位所采取的本岗位应具有的妥善处理和有效解决现实问题的方式方法与手段。专业精神是指干部在日常工作和管理岗位上所具备的责任意识、担当精神、甘于奉献、执着品质、严谨态度和敬业精神的集中体现。干部队伍的专业精神是在专业能力中形成的，是专业能力在价值层面的升华，是干部做好任何工作的最高境界，更是一名干部职业素养与职业品格的最好体现。专业能力和专业精神二者相互联系、相辅相成，是干部队伍专业化体系的重要因素，二者共同作用于干部队伍专业化建设，并推动干部队伍专业化建设随着时代的发展而不断前进。

（三）领导干部主动学习的意识的重要意义

第一，深刻认识学习的重要性，增强学习的紧迫感。领导干部是决定党的"肌体"健康和党的事业发展的关键少数。注重和加强干部的学习是中国共产党的优良传统和宝贵的历史经验，更是新时代中国特色社会主义事业向前发展的客观要求。延安时期中国共产党就重视干部队伍的学习问

---

① 习近平. 决胜全面建成小康社会　夺取新时代中国特色社会主义伟大胜利——在中国共产党第十九次全国代表大会上的报告（2017年10月18日）[M]. 北京：人民出版社，2017：64.

题。在延安,我们党就注意到干部的"本领恐慌"问题,号召全党要坚持不懈地加强学习。中国特色社会主义进入新时代,要求各级领导干部都要有加强学习的紧迫性。新时代对领导干部的工作能力与工作方法提出了很多新的要求,能否胜任岗位职责,重要的根本就是不断更新认知体系,紧跟时代步伐,紧跟最新理论与时代需要,不断地充实自己,增强主动学习的意识。随着新形势、新问题的到来,干部队伍的本领有适应的一面,也有不适应的一面,如果不增强主动学习的意识,抓紧增强本领,久而久之,我们就难以胜任工作岗位所赋予我们的职责。当前,面临社会转型的挑战和国际格局震荡的风险,领导干部要克服"本领恐慌"必须进一步增强学习的主动性和紧迫感,主动学习最新理论,主动跟进工作岗位所需要的专业知识、管理知识等,加深对工作规律的总结、对工作思路的梳理、对工作方法的创新,使自己适应新时代的需要,适应工作岗位的需要,在深化改革和创新的实践发展中把握方向、保持定力、善用方法、取得实效。

第二,深刻认识学习的重要性,树立正确的学习态度。实际上这是一个理念问题。学习是件苦差事,不能期望一劳永逸。学习是一件持之以恒的事情,选择学习就是选择进步,选择自我提升,同时也是选择吃苦。当前,部分干部存在不愿学的现象,整天沉溺于具体事务性工作,一讲到学习就认为不是读报纸,就是念文件,或者就是进行相应的专题辅导,陷入被动学习的困境,很少进行主动学习。因为理论欠缺、观念陈旧、思路受限、方法单一,很难适应新时代的需要,所以学习的效果很难转化成工作中的思路方法,很难与实际工作对接。部分干部存在无法持之以恒学习的问题,学习没有科学的计划、没有长期规划、没有针对性。古人云:"日习则学不忘,自勉则身不堕。"(汉·徐干《中论治学》)干部必须端正态度,把学习作为一种政治责任、一种精神追求、一种人生态度,以强烈的求知欲和进取精神主动学习新的理论与专业知识。要树立终身学习的理念,把学习作为终身追求,自觉做到学以立德、学以增智、学以创业。树立全员学习的理念。干部要带头学习,把各级领导班子建成学习型领导班子,把各级领导干部培养成学习的第一推动者、带头人,树立终身学习的榜样。要坚持工作学习一体化的理念,把学习贯穿工作的各个环节和全过程。在学习的过程中坚持问题导向,带着问题去学习,将工作实践中遇到的困难与问题带入学习，带着问题进行深入的学习与思考，使学习真正能够促进实际工作的进步，提升在工作中解决实际问题的能力，促进领导干部工作能力、专业能力的提升。坚持在学中干、干中学，努力做到学习和工作相互促进、相辅相成。

（四）提升领导干部主动学习的能力

1.注重提升主动学习的能力，顺应时代发展的需要

提高学习能力是顺应世界发展大势、顺应时代发展需要、赢得事业竞争主动的紧迫要求。提升干部队伍的专业能力必须大力提升干部的学习能力，以更强的自我提升能力促进干部干事创业水平的提升。在以变革调整、发展为特征的时代，世界每时每刻都在发生变化，中国也每时每刻都在发生变化，干部必须在理论上跟上时代。时代是思想之母，实践是理论之源。当今，干部的主动学习被赋予全新的内涵。学习是涵养大气，树立远大眼光，培养博大胸怀，积淀履职尽责的过硬素质的有效途径。学习对于干部队伍来讲，主动学习是一种对工作的责任与担当，干部只有想学、会学、恒学，努力做到学以立德、学以增智、学以致用，真正做一个学习型干部，才能切实担负起时代赋予的责任，才能肩负起岗位赋予的使命。

2.进一步加强理论学习，提升理论思维能力

坚持以科学理论引领、用科学理论武装，这是马克思主义政党区别于其他政党的本质特征。干部队伍加强理论学习就是要始终坚持马克思主义的立场和观点，主动运用辩证唯物主义和历史唯物主义的思维和方法，提升理论思维水平和解决复杂问题的能力。随着时代不断向前发展，不断加强学习、深入学习是领导干部适应时代发展的核心要求，这一核心要求领导干部应善于学习、把握规律、懂得运用。因此，干部队伍要树立持之以恒、深钻精研的学习态度，进一步明确全面深化改革和高质量发展的工作方向与具体任务。在新的历史条件下，加强理论学习和理论武装要注重培育理论思维。各级领导干部在加强理论学习的过程中要着眼改革发展实际，突出问题导向，坚持系统思维，在理论提升的过程中，增强理论与实践的对接，提升理论对实践的指导，尤为重要的是提升实际的应用能力。

3.掌握科学的学习方法,注重提高学习的成效

科学的学习方法是提高学习成效的核心要素,领导干部应善于运用科学的学习方法,以科学的学习方法提高学习的成效,切实做到理论指导实践,真正做到知行合一。一是要全面系统学,深入学习,防止一知半解。理论中蕴含着大战略和大智慧,只有全面系统地学、长期深入地学、融会贯通地学,才能真正把握理论的精神实质和理论真谛。这就要求各级领导干部要不断扩展学习广度和深度,将学习与实践、贯彻统一起来,以学习指导实践,以实践中发现的不足与新的问题来促进理论学习的更新;要努力拓宽学习领域,形成分层次、跨领域、全覆盖的学习体系;与此同时,应该随着时代的发展不断创新学习形式,丰富学习内容,真正实现学有所思、学有所获和学有所成。二是要及时跟进学习,防止被动学习。习近平新时代中国特色社会主义思想是一个开放的理论体系,它根源于中国特色社会主义事业发展的伟大实践,也会随着全面深化改革和社会主义现代化的推进不断丰富和发展,这就要求领导干部必须坚持"活到老、学到老"的学习态度,不断学习和掌握新篇章、新精神和新要求,掌握社会主义事业发展的内在规律,努力做到"想在前""学在前"和"做在前"。三是要深入思考学,防止浮于表面。实现学、思、践、悟的融会贯通,这是理论学习的理想境界。其中,"思"和"悟"是"学"的升华,是深入把握理论精髓的必然要求,也是思想和理论回归实践、指导实践的过程。因此,各级领导干部要坚持联系地学、准确地学、完整地学,真正做到知其事、究其道和用其法,要将习近平新时代中国特色社会主义思想的理论真谛在工作中落深、落细和落实。四是要联系实际学,防止理论与实践脱节。深入学习和贯彻习近平新时代中国特色社会主义思想必须坚持理论逻辑与实践逻辑的统一。为此,各级领导干部要坚持以学习为基、以实践为本,坚持在干中学、在学中干,加强组织领导,强化统筹协调,注重引导群众,不仅要从思想中学出自觉自信,还要往深里走、往实里走和往心里走,从中找到方向、路子和方法,学出责任担当和能力水平,不断开创改革和发展的新局面。

（五）提升主动学习的能力应回答三个问题

第一，在主动学习的过程中学什么。作为领导干部，学习的首要重点应是重要理论、创新理论、新的发展理念与重要的政策法规。在学习重要前沿理论的同时，也应主动学习国际形势、实现治理现代化所需要的政治、历史、文化、地理、科技、社会等多方面知识，尤其是关于工作能力提升的相关能力。在学习与工作的实践中不断提升理论素养和解决实际问题的能力。在主动学习的过程中培养善于学习的好习惯，同时善于计划出适合自己的科学有效的学习内容，设计出精准高效的学习计划，在学习中注重积累、关注细节。领导干部读书学习应志存高远，在学习的过程中不断提升个人素养，在各自的领域引领热爱学习的风气，营造热爱学习的氛围，培养适合时代发展的专业能力。在学习的过程中应注意做到广度与精度相结合，博与专相结合，把握住主要矛盾，注重学习自己工作岗位所需要的专业知识，在学习中提升自己的专业能力，实现治理能力的现代化；在学习实践中逐渐形成更加系统、合理的知识体系构建，不断提高解决实际问题的能力。

第二，在主动学习的过程中如何学。在主动学习的过程中，如何学是方式方法的问题。用什么样的方法是学习的关键所在，用科学有效的学习方法学习理论知识与专业知识，会提升学习的效率、针对性与精准性。一是以兴趣爱好为切入点。兴趣爱好是最好的老师，领导干部应以强烈的兴趣爱好与求知欲开展学习，向经典学，学习对真理的渴求；向书本学，学习对理论的追求；向实践学，学习对专业的探索。二是以问题为导向。问题是时代的声音，领导干部应该把实际工作中亟待解决的问题带到学习中去，以问题为导向，在学习中探寻解决问题的思路方法。在理论学习的过程中注重探索解决问题的规律，学习规律、总结规律、运用规律；在实践学习中注重积累工作方法，带着问题在实践中探索解决问题的方法，不断地总结经验，积累方法，提升解决实际问题的能力。三是以创新为动力。在学习的过程中，仅仅依靠理论学习，向书本学习是不够的，应积极创新探索不同的学习方式，以创新的方式方法提升学习的有效性。应在实践中不断地探索不同的学习方式，如互动式学习、体验式学习、案例式学习、反思式学习、沉浸式学习、研讨式学习、辩论式学习等，丰富学习的内容与形式，增加学习的印象。四是善于向群众学习。群众是非常好的老师，很多智慧来自群众的创造精神，向群众学习，不断探索解决实际问题的方式方法，将会使学习更加贴合实际，更能在学习中不断提升群众工作的能力。

第三，在主动学习的过程中怎么学。在学习的过程中应不断完善制度建设，建立健全集中学习制度，完善和改进中心组学习；在完善制度建设与改进集中学习的同时，应该建立健全党员干部的自学制度。建立健全党员培训教育制度，精心设计党员教育培训规划，以培训对象的需求为导向，按需培训，做到有效、精准培训。建立健全考学制度，把学习能力作为选用领导干部的重要依据，坚持从日常学习中考察，看领导干部的学习意识强不强、学习动力足不足、学习理念新不新、学习效果好不好。对于培训要通过座谈、提问、考试、课题研究等方式，考核领导干部学理论、学科技、学管理、学专业的深度与广度，切实保障领导干部在工作时间中能够学有所用，以全新的理念投入管理与日常工作之中。

学习是领导干部干事创业的根基，不断学习能够使领导干部适应时代的发展，以新的思维解决新的问题。学习是领导干部自我革新的前提，更是改革创新的动力。领导干部只有在学习中善于发现问题、不断思考和完善解决问题的方法，提升治理能力的现代化，敢于担当，善于作为，才能够勇攀时代高峰，引领时代潮流，尽职尽责地履行好岗位职责。面对国内外新形势和新任务，要在学习中不断更新认知体系，紧跟改革的步伐，在深化改革的实践中不断提升解决实际问题的能力，提高群众工作的能力水平；同时要把学习作为终身学习的任务，将一个地区的发展强大与自身的价值提升、价值实现同步规划，共同推进，将小我融入大我，用一点一滴的努力、一分一秒的积累，持之以恒地提升，不断增强地区发展的竞争能力，在实践中积极培养担当作为的过硬本领和履职尽责的专业能力。

第三节 提升专业能力的实践探索

一、注重专业知识与能力的培训，筑牢专业化的基础

在新业态、新产业层出不穷，行业分工越来越细、职业专长越来越精的新时代，在国际产业转移、要素价格均等经营成本趋同的大背景下，提升专业化服务能力是最好的竞争力。提升干部的专业化能力，需要按需培训积累专业知识、围绕重大战略部署进行培训、强化对新知识、新信息的培训。干部队伍专业化能力的提升，应注重干部队伍的精准培训。在培训活动过程中应将重要的理论、思想、观念、知识、技能等传授给培训对象。在教育培训活动过程中，进行什么样的价值观、理论与专业知识、技能等方面的培训，是干部队伍培训的重要内容，更是培训方向的集中体现。高质量的培训，是实现干部队伍培训目标的重要保证，因此干部队伍培训的内容是否科学、精准是干部教育培训工作的关键所在，干部培训的内容直接关系干部教育培训的性质、方向和目标实现。

（一）按需培训积累专业知识

掌握专业知识是提升专业化能力的基础和保障。专业化水平是专业知识、专业思维、专业方法、专业能力、专业精神的综合。专业化水平的丰富内涵既是干部队伍专业化能力建设的重要方向，也是干部队伍培训的重要切入点。专业知识的积累、专业思维的提升、专业方法的练就、专业能力的提升与专业精神的养成，干部个人的努力是其中一个重要方面，与此同时，对干部队伍进行高质量的培训尤为重要。进入新时代，企业、群众对行政部门公共服务的需求不断提高，如果一个干部不懂业务知识，外行人干内行事，就会在执行上级决定、落实上级政策中说"外行话"、办"外行事"。因此，提高干部专业化服务能力，要着力在学习专业知识上下功夫。每名干部按照"干什么学什么、缺什么补什么、弱什么强什么"的原则，结合不同领域、不同岗位的专业化需求，深入开展精准化学习，有针对性

地进行"补钙""加油""充电"。要把学习专业知识作为提升专业化服务能力的重要途径和根本方法,养成重视学习、勤于学习、终身学习的自觉性。要在学习上下真功夫、实功夫、苦功夫,坚持问题导向,坚持真学真知,持之以恒刻苦钻研,学深学透各自工作领域所需的业务知识,打牢专业知识的基础,弥补知识空白、经验盲区、能力弱项,努力成为行业领域的"政策通""一口清""活字典"和本岗位的"行家里手"。

  干部教育培训内容的设计必须遵循教育的一般规律。在教育培训工作的实践中,每一个时代的干部培训内容都体现了不同时代对干部队伍的需要。首先,干部培训的内容取决于这一时代经济、社会、政治发展的需要。不同的国家、不同的社会在干部培训的实践中通过规定各自的教育目的来确定干部教育的内容。教育内容具有社会性与历史性。其次,干部教育培训的内容受社会生产力与科学技术的发展水平所影响。不同的发展时期,对干部的素养、专业与治理能力的要求各不相同,因此各个时期的教育培训的内容、体系、架构和水平也各不相同。再次,由于不同的教育对象有着不同的个人素养与身心特征,不同的干部对各自岗位的能力需求、所需要的知识、能力的要求也各不相同。因此,干部培训的内容设置应全面的考虑各种因素,设计科学有效的培训内容,让干部通过培训能够真正实现能力的提升,把教育培训的内容转化为干部在实践中解决实际问题的能力。干部教育培训还是一种特殊的教育活动,不仅具有一般教育的属性,还有自身的特点,其内容的确定具有自身的特殊要求。

1. 精心做好培训需求调研

  干部队伍的专业能力提升既要靠个人的不断努力,也要靠组织的精心培养。在知识信息快速发展的时代,干部队伍的培训工作应紧跟时代发展,以干部的能力需求为导向,坚持"干什么学什么、缺什么补什么"[①]的重要原则,围绕高质量发展、围绕"七种能力"(即政治能力、调查研究能力、科学决策能力、改革攻坚能力、应急处突能力、群众工作能力、抓落实能力)展开培训。干部在哪些知识上存在欠缺,在哪些认知上存在盲点,在哪种能力上存在短板,在哪些理论上存在短板,这些问题,需要在培训前做好

---

① 习近平. 习近平谈治国理政(第一卷)[M]. 北京:外文出版社,2018:405.

充足的培训需求调研。干部需要在哪些方面进行提升,培训前应该有一个充分的掌握,真正做到按需培训,才能够打造高质量培训,以干部真正需要的知识武装头脑、丰富认知,为干部的工作实践带来正确的指导。

2.依据培训需求调研精心设置培训内容

在做好培训需求的重要前提下,以培训需求为重要依据,按照干部在实际工作中最需要的理论知识、在实际工作中的短板,精心设置培训内容、科学设计培训计划。培训内容应是理论知识与专业知识培训的结合,是新发展理念与能力提升的结合,在培训的过程中更新理论认知、提升解决实际问题的能力、增强在工作岗位中尽职尽责意识。干部队伍能力素质状况和需求是确定干部教育培训内容的直接依据。按需施教是干部教育培训的基本原则,也是干部教育培训工作具有针对性与实效性的重要保障。不同层次、不同类别、不同专业、不同岗位的干部对各自岗位所需要的理论知识、专业知识和解决实际问题的能力有不同的要求。不同干部的自身素养和个人的基本情况也各不相同,因此干部队伍的培训内容设计,既有体现党和国家的需要与目标的普遍性要求,又有干部自身特殊的个性化、多样化的需要,按需培训,因材施教。培训内容必须从干部队伍的知识结构、专业结构以及能力素养和现实岗位的需要为主要出发点,科学设置培训内容,精准制订培训计划,避免干部培训的盲目性。

(二)围绕重大战略部署进行培训

在干部专业能力培训中,党和国家重大战略部署培训是培训的重点内容。这一重点内容的培训,能让干部队伍及时地把握最新的治理理念,进行准确的理解,并且找准自我在工作实践中的努力方向。因此,重大战略部署的培训具有重要的方向性,让干部能准确把握最新治理理念,科学制订自我学习规划。国家发展的重大战略部署是干部培训的重点内容,干部队伍是落实国家重大战略部署、各项任务的组织者和领导者,在工作实践中肩负着贯彻、落实、执行重大战略部署的责任。因此,在干部培训工作中,培训内容的设计一定要将国家重大战略部署作为培训的重点内容,科学制定与计划。

专业能力不等同于"专一能力",而是"通才+专才"的有机结合。

提升党员干部的专业化服务能力需要千锤百炼，需要放到各种场景中去培训、去体悟、去磨炼，需要围绕重大战略部署来培训。一是组织开展多种形式的专业学习和教育。着眼于专业对应、层次对应、岗位对应，科学设置培训内容和形式，为各类干部提供具有前瞻性、实践性和岗位适配性的个性化、精准化专业能力培训。通过搭建专家论坛、技术峰会等专业化平台载体，借助知名高校优质教育资源，围绕重大战略部署开展联合办学，增加专业化培训的深度，提高培训"含金量"。二是开展体悟式培养。放眼先进发达地区，选派干部体悟实训，学习先进经验、先进理念、先进技术，推动形成干部教育培训大格局，提高引领新时代、促进新发展的能力。三是开展交流式培养。组织干部到基层与生产一线，让干部在多场景中经受全方位的锻炼，不断提升专业化水平。四是开展实战式培养。实践出真知，实践增才干。选派干部联系服务企业，让干部在工作中提升专业能力，在实践中砥砺品质、增长才干。

干部队伍培训应注重主要内容，以经济社会发展中重大理论和现实问题为主，准确地把握国家重大发展战略。在深入学习的过程中，引导领导干部对重点问题进行研究，使领导干部找准自我发展与努力的方向，意识到重大战略部署的重要性与方向性，不断提升解决实际问题的能力，切实提高领导干部推动经济社会发展的本领。在治国理政的历史进程中，党中央做出的重大战略部署最终在基层的贯彻落实执行，都要通过对领导干部的教育培训这一重要渠道进行。通过对重大战略部署的学习，引导广大干部深刻领会其重要内涵、基本精神、发展方向，准确掌握其基本要求、重要指示，使领导干部在基层工作实践中很好地推动中央部署和要求的贯彻落实。

改革开放以来，为了适应党和国家工作重心转移、进行改革开放和现代化建设的新形势、新任务，这一时期，干部教育培训工作把研究改革开放和现代化建设作为主要任务，干部培训的内容把全局性、战略性、前瞻性的重大问题作为重要培训内容来安排。以重大战略为主要方向的培训，对改革开放时期统一领导干部的思想和行动、抓好重大战略部署的贯彻落实，起到了至关重要的作用。面对全新的发展理念和发展布局，干部培训应紧紧围绕重大战略布局与全新发展理念，把经济社会发展的总体目标、指导方针和重大部署作为干部教育培训的重要内容。与此同时，干部培训也可以把各地区在落实重大战略部署中形成的好经验、好做法转化为干部教育培训的生动教材。在培训的过程中，也应把实践中出现的一些新情况、新问题进行系统梳理，以问题意识为引领，将实践中的问题作为干部学习研讨的重要内容，确保真正做到干部队伍的能力提升。

（三）强化对新知识新信息的培训

1. 新知识、新信息的重要性

不断更新认知体系，学习新知识、接收新信息是领导干部在新时代履职尽责的重要前提。知识的积累是领导干部工作的重要基础，也是领导干部能力素养的重要体现，新时代的干部培训工作，应以更新认知为基础，强化干部对新知识、新信息的学习。干部培训应紧紧围绕领导干部的工作需要展开，依据干部的工作需要，有计划地增加与实际工作向对应的新理论、新思想、新知识、新法规、新技能的重要内容。以一系列新知识的培训，帮助干部及时更新知识体系、读懂最新规定、熟悉最新技能，进而在工作中从容面对新形势、新任务。经济社会快速发展的今天，转型升级、科技创新的迅猛发展给干部队伍的工作带来新机遇的同时，也带来了新的挑战，能否及时跟进、完善知识体系关系着领导干部的治理能力。

2. 新知识、新信息缺失导致旧思想解决新问题

在治理实践中，部分干部在能力与素养上存在明显的不足，这些不足直接导致治理能力的欠缺，而其中显著的问题就是：对新情况、新问题缺少相应的判断，应对新问题的知识储备量不足，对新情况的实践历练欠缺，往往习惯用旧的思维去解决新的问题，导致解决问题的方法单一，有效性缺失。基层调研中会发现一些干部存在老知识不管用、新知识不够用的问题，在工作实践中出现了不同程度的知识恐慌、本领恐慌、技能恐慌，遇到新问题、新情况不知从何下手等问题。

3. 及时对干部队伍进行新知识的培训

为了更好地迎接新问题、新挑战，干部队伍建设应着眼新发展理念，针对现阶段治理实践中出现的一系列新问题，及时开展对干部队伍进行新知识的培训。培训重点应围绕以下五个方面：第一，开展当代世界发展变

化知识的培训,帮助干部以宽广的眼界认识世界,用宽广的国际视野审视现阶段的发展任务,把握时代脉搏,认清现阶段发展所面临的机遇和挑战。第二,开展新发展理念的系统培训,了解全新的发展理念,用新的发展理念指导现阶段的工作实践,使领导干部紧紧跟上大政方针,紧紧跟上深化改革的步伐。第三,开展高新科技和信息技术知识的培训有助于领导干部增长科学知识,掌握科学方法。第四,开展新法规的培训。法治思想的学习有助于领导干部提高民主管理、依法办事的能力。第五,开展社会管理知识的培训。社会管理知识的更新,能够让领导干部及时地掌握管理工作的实践前沿知识,把握社会发展的方向,帮助干部提高社会管理能力。新知识、新信息、新技能培训,有利于领导干部开阔眼界、拓宽思路。新知识、新信息的及时更新,能够使领导干部在工作实践中提升履职尽责的能力,对新问题、新情况从容面对,得心应手,以知识体系的不断更新打好治理能力提升的重要基础。因此,干部教育培训内容必须把对新知识、新信息、新技能的培训贯穿干部教育培训始终。

(四)注重涵养干部队伍的专业精神

专业精神是指对工作是否执着于专业的规范、要求、品质化程序等。就是在专业技能的基础上发展起来的一种对工作极其热爱和投入的品质。具有专业精神的人对工作有一种近乎疯狂的热爱,他们在工作的时候能够达到一种忘我的境界。专业精神应是"专注+敬业"的完整组合。专业精神表现为一种专注、敬业的态度,是专业能力在精神层面的升华。一名好干部应当把专业精神作为不懈追求,除了要把工作当事业干,更要把敬业作为最大的能力,持之以恒地保持对工作的热爱甚至忘我,保持一钻到底和专注做事的韧劲,不断激发出自己的最大潜能,把工作做到极致。

1. 专业精神表现为专注、敬业的态度

黄大年凭着"不疯魔,不成活"的拼劲,不舍昼夜、潜心科研,引领中国走入"深地时代"。钟扬靠着愚公移山的韧劲,用脚步丈量世界屋脊,用汗水铸就学术高峰,用爱心培育科研人才,只为祖国守护植物基因宝库,为人类建一艘种子的"诺亚方舟"。任何一个成功者的足迹,都刻印着艰辛与执着,专注成为他们不可或缺的品质。应注重培养专业作风、专业精神，引导广大干部坚持理论联系实际，干一行爱一行、钻一行精一行、管一行像一行，始终保持静气志气、痴劲钻劲，我们就一定能看到别样的风景，成就生命的丰盈。

2.专业精神体现在干部担当作为的意识

干部的专业精神体现在干部工作实践中体现出来的担当作为的意识。新时代需要新担当、新作为，要加强政治历练，积累政治经验，在党内政治生活的大熔炉中不断锤炼党性、锻造自己，在火热的基层一线反复淬炼。要坚持人民立场，把党的信任重托和人民的安危冷暖期待放在心上，把对人民和历史的责任扛在肩上；多做打基础、利长远的事，不搞脱离实际的盲目攀比，不搞劳民伤财的形象工程、政绩工程，创造出经得起实践、人民、历史检验的实绩；发扬求真务实、真抓实干的作风，以钉钉子精神担当尽责，脚踏实地地把党中央确定的行动纲领、战略目标、工作蓝图变为现实，无愧于伟大的时代。

3.专业精神是干部对真理的探索

专业精神是对真理的勇于探索，是善于利用各种专业知识、规律、工具深入研究分析，通过概念、判断、归纳、推理等形成理性认识。干部应追求至善、精益求精的"工匠精神"，从一件件具体工作做起，从最简单、最平凡、最普通的事情做起，把本职工作做精、做细、做得出彩，做出成绩，不断提升为人民服务的品质。干部应拿出"战"的姿态、"拼"的意识、"闯"的精神，主动到改革发展主战场、经济建设第一线、服务群众最前沿，在攻坚克难中砥砺职业道德，在奋战一线中涵养职业操守，在担当作为中培育奉献精神，让专业精神融入血脉，自觉做到干一行爱一行、钻一行精一行。

专业精神不会先天形成，也不会随着年龄增长而自然增长，它形成在日常、应用在日常、升华在日常，来源并取决于平日的修养，是润物细无声的滋养，是经年累月的坚守，是潜移默化的积淀。专业素养是专业知识、专业能力、专业作风、专业精神的统一，而不仅仅是专业对口那么简单。干部队伍的专业精神，体现在能够胜任新使命上。当前，我国经济发展进入新常态，社会矛盾呈现新变化，各种新挑战纷繁复杂，无论是国情、世情还是民情，都对干部队伍的专业能力和专业素养提出了更多、更高的要求。这就需要党员干部进一步提升专业精神，提升责任感、使命感，秉承热爱、

"做"而论道——提升基层治理能力的实践探析

专注和投入的敬业精神,加快知识更新,加强实践锻炼,时刻紧跟时代步伐,从知识、能力、作风、精神四个维度找差距、补短板,对坐标、赶比超,在攻克难题中拓宽专业视野,锤炼过硬本领,不断提升专业化能力。

二、注重能力培训方式方法的创新

(一)培训方法的创新是时代之需

干部教育培训是建设高素质干部队伍的先导性、基础性、战略性工程,是提升治理体系和治理能力现代化的关键。干部教育培训应与时代发展相对接,与时俱进,不断探索其方式方法的创新,以多元化的形式、贴近工作实际的方式,提升干部队伍在治理实践中解决实际问题的能力。随着时代的发展对干部培训工作提出的新要求,在干部教育培训方式方法上,许多地方和部门特别是干部教育培训院校进行了许多新的尝试与积极探索,取得了一定成效。但同社会快速发展的形势相比,当前的干部教育培训的方式仍相对滞后,在一定程度上影响了干部学习的积极性和主动性。因此,应进一步创新干部教育培训方式,使干部教育培训与时代相对接,与干部在实际工作中的需要相对接,更要与治理能力现代化的要求相对接,把干部参加集中教育培训的兴趣更好地激发出来,以多种形式传递不同领域的知识,以最贴近工作实际的方式传递专业知识,进而真正提高领导干部教育培训成效。

1. 完善研究式教学

传统的灌输式教学,培训对象的主体性和对问题的主动思考不够,而研究式教学强调注重教育对象的主体性和主动思考,能够很大程度地发挥学员的积极性和主动性。这种主动思考、主动探讨的积极性对干部学习知识与能力提升至关重要,能够将课堂中的思考很好地转化为解决实际问题的能力。在研究式教学中,授课教师应对参加培训学员的具体情况和工作特点进行认真分析,根据参训学员的实际情况设计教学内容,结合实际创新教学方式、改进教学内容。在教学设计的过程中,授课教师依据培训班的情况设计一些事例,提出相应的问题,让学员主动去阅读事例、观察具体情况、进行讨论和主动思考。在研究式教学的课堂上,学员能够主动思考,在案例中探索解决问题的方法和程序,探寻事物的内在联系,掌握事物发展的规律。通过主动思考、参与研讨,学员的积极性就能被很好地调动起来,学习也就由被动变为主动,获取知识的意识逐渐增强,以创新的方式与内容提升课堂效果。

2.完善现场教学和体验式教学

现场教学和体验式教学能使干部教育培训由封闭走向开放,使干部培训走向社会,感同身受。现场教学和体验式教学对干部教育培训提出了很高的要求,要求干部教育培训依据干部培训工作与实际工作的需要,对现场教学和体验式教学的场所进行认真的选择。场所的选择有这样一些范围:第一,针对党性教育的现场教学、体验式教学的场馆,最好是选择那些具有党性、党风、党纪教育意义的革命旧迹旧址、烈士纪念馆、党史党建的档案类展馆等,所选择的现场教学与体验式教学的场馆内容与讲解应深入人心,引起共鸣。第二,针对经济类与社会管理类的教学场馆选择,应选择具有典型意义的乡村农户、城镇社区、新型工业区和开发区等作为教学点,让学员在乡村农户与城镇社区的基层社会治理体系中,深入思考、借鉴方法,反思不足。在新型工业区和开发区等教学场所,能够增强学员对经济发展的深度认知,对发展模式的深入思考。

现场教学和体验式教学的重要基础是对于场所的选择,如何精心做好教学主题的研讨、对教学场所的调研、对教学内容的挖掘与提炼、对教学方法的设计等问题,是涉及现场教学与体验式教学的关键所在。应组织教员和讲解员按照学员需求和教学主题科学设置科学内容,精心备课,使每一堂现场教学和体验教学课程都能使干部思想受到触动、心灵受到震撼、认知得到提升、能力得到提高、素养得到增强。在教学中引发学员深思,引起学员的共鸣,真正做到干部培训教学由封闭走向开放,由教室走向社会。

3.完善案例式教学

案例教学是以教师为主导,以学员为主体,通过对教学案例的编写、阅读、研讨、分析达到教学目的的一种能力培训方法。实行案例式教学,是干部培训教学改革的重要内容,是适应干部培训发展的客观需要。案例式教学要求教师对干部在工作、学习和生活中遇到的典型和突出问题进行深入调查研究,根据教学目的和教学需要,选出适合于教学的经典案例,紧紧围绕案例，设计能提高干部素质和提升能力的相关问题，让干部分组进行深入思考、讨论和总结，并提出解决问题的方案，最后由教师作出点评、总结。在案例教学的过程中，学员之间的讨论、交流与深入思考，能够使每组学员在集中本组智慧的同时也学习到其他学员的智慧与经验，最终达到大家共同学习、共同提高的学习效果。案例式教学能够在教学互动的过程中，提高干部学习的参与度，提升干部的创新创造能力，深入思考的能力，在课堂上实现教师与学员良性互动、教学相长。

4. 完善情境模拟式教学

情境模拟式教学是教师根据教学内容和教学目标，有针对性地设计相应的情境，让学生在课堂中扮演角色，模拟情境的过程，让学生在高度仿真的情境教学中获取知识、深入思考和提高能力的教学方法。情境式教学能够在教学过程中突出操作性、讲究趣味性、注重实效性，在课堂上实现理论与实践相结合、素质教育与社会需要相结合，使学员能力实现提升。

实施情境模拟式教学，应依据现有条件，精选典型案例，经过深入研究确定讨论主题，并依据所选案例与讨论的主体设计出教学计划，根据教学需要布置出教学所需场景，给学员布置任务，安排学员进行角色扮演，引导学员运用相关理论知识思考、应对、分析、处理和解决各种问题。与此同时，情境模拟式教学应注重做好以下四个环节。

第一，情境设计环节。这是情境模拟教学的首要环节。在这一环节中，首先在于确定好议题。议题是整个课程的灵魂，必须全力聚焦议题，精心作出选择。其次，角色布置环节。角色设计中有一个最为重要的问题，就是依据不同的学员进行"量体裁衣"，在角色选择的过程中，既充分考虑实际工作中的能力需要，又应结合学员的工作单位、工作性质、职务专业和教育背景等重要因素以确定学员角色。这样经过对众多因素的思考与衡量，作出的角色选择既符合学员的真实身份，又能有针对性地提升学员的能力。最后，精心写好教案。在教案设计中，应选取具有典型性、代表性的案例作为情境模拟的主题，增强案例的新鲜感和趣味性，并结合专题内容，将所需传授的知识和理论融入教案。

第二，情境准备环节。情境准备环节关系着情境教学课堂的各个方面，情境模拟教学准备有两个方面的重要内容：物质准备和知识准备。物质准备是要依据所选主题设计出相应场景,并在课前精心做好场所布设,以适应学员进行角色扮演的要求,达到学员间相互沟通与交流的目的。知识准备是要求学员根据情境模拟教学的案例与主题,以及自己将要模拟的角色,进行相应的知识学习与准备,要求学员熟悉背景材料,拟定发言提纲,精心准备相关知识,展开相关准备。

第三,情境模拟环节。情境模拟教学一方面充分发挥学员在课堂中的主观能动性,另一方面积极发挥教师在情境模拟中的引导作用,组织学员开展高效的研讨、相互交流、默契配合,分享感悟。在学员角色扮演环节中,教师要积极对学员进行引导与启发,要求学员围绕特定情境深入思考,依据案例展开研讨,针对问题提出对策,及时分享角色扮演过程中的感悟。

第四,现场互动环节。模拟演练后,学员依据模拟环境中的角色扮演进行自我总结,分享感想、感受和感悟。之后,教师进行点评。教师在点评时应坚持以鼓励为主的原则,同时实事求是地指出学员在模拟过程中存在的问题,使学员在获得深刻的学习体验的同时对自己的知识与能力有一个客观的认知,明确今后的努力方向,提升教学效果。

情境模拟教学能够引导学员把学习兴趣转化为学习动力,再把学习的知识和思考的成果转化为实际操作能力,进而实现能力提升。在情境模拟式教学中,干部不但能够获得积极参与课堂的乐趣,同时能够在课堂中充分发挥才能、展现自我,与此同时加深对问题的思考,从而不断提高处理实际问题的能力与应对突发事件的能力。要想进一步完善情境模拟教学,必须关注以下几个方面问题:一是做到模拟情境的真实化。二是确保教学内容的精准化。三是凸显模拟过程的问题化。在情境模拟课程设计中,加入一定的矛盾冲突,能够增加情境模拟的难度和复杂性,提升课程对学员的挑战性与吸引力,在解决问题的过程中提高学员对问题的深入思考,提升学员处理矛盾的能力。四是推动教学过程趣味化,加快学习成果向工作的迁移和转化,向工作的不断转化,能够提高学员对学习的积极性。因此,在情境模拟教学中,应为学员营造逼真的情境,增强教学过程的吸引力、生动性和互动性。

（二）完善载体与机制

第一，积极探索干部培训新载体。在干部培训的实践中，应对培训载体进行积极探索，使干部培训与时俱进，与时代相对接。例如，可以运用微博、微信公众号开展相关培训工作，展开专业知识讲授、能力提升培训及思想教育等，积极通过互联网实现政策理论及知识信息等资源共享；可分类别、分专业创设相应的学习公众号，讲授相应的理论知识与专业能力；与此同时，应开发问卷、评论、投票等互动功能，使学员在学习的过程中，能够积极互动，在学习之后，能够进行心得体会的分享，相互呼应，形成"同频共振"，使干部培训的时间更加灵活，培训方式更加多样，以大家愿意接受的方式展开培训，更加高效。

第二，不断丰富干部培训的形式。干部教育培训应注重其内容的丰富性和系统性，在兼顾这两者的同时，应注重干部教育培训在形式上的多样性和创新性。可以在干部教育培训的实践中积极探索和推广专题研究、短期培训、小班教学等不同的方式，使干部培训的形式更加丰富和多样。在干部培训中，可以利用当前较为流行的演讲、朗读等易于干部队伍接受的教育形式，增加课程的吸引力和干部参与课程的主动性。在丰富干部培训的过程中，也应注意不能千篇一律，应注重因材施教，注重不同领域的干部、不同专业的干部之间的差距，因此多样化的干部培训形式应注重按类别、分专业开展教育培训，增加课堂的活力和吸引力，提升干部培训的效率。

第三，完善教学反馈机制。是否真正做到高质量培训，教学反馈机制尤为重要，干部教育培训应以教学反馈为重要依据，及时调整、完善干部教育培训，使干部教育培训在实践中不断提升，不断完善。教学反馈机制能够把学员的意见及时地进行反馈，使干部培训机构能够进行及时调整，真正做到按需培训、高质量培训。应积极开展教学质量评估，完善已有的教学质量评估体系，使教学质量评估体系能够客观、公正地反馈学员对教学的意见。与此同时，应进一步建立和完善干部教育管理工作各项制度，坚持用制度来规范干部教育的行为。在干部教育培训的过程中，应采取重点班次跟踪、选派评估人员旁听、随时听取学员意见、网络问卷填写等方式，及时了解和跟踪培训情况，同时，对培训的教学设施、教学方式、讲授水平和组织安排等进行量化测评。

在培训工作的实践中应不断提高干部教育培训精准化水平，干部教育培训应以干部终身学习理念为指导，加强现有培训制度的弹性、多样性、精细化和开放性，积极推进干部教育培训制度建设、体制机制的完善，为学员提供多种途径、多种方式的学习机会。应进一步促进脱产培训和在职培训，短期培训和长期培训的相互协调和衔接，扩大参训者选择学习形式的机会，在实践中不断完善干部培训制度体系，以制度作为干部教育培训的重要保障。应建立健全培训经费保障机制，加强对各级各类干部教育培训的激励，加大对基层培训的支持。要多听取培训者的意见和需要，做好按需培训，建立以人为本、能够满足学院及时学习的需求、培训形式丰富多样、不同类型培训形式衔接和沟通的干部教育培训制度，就应依据学员的意见与需要及时跟进与调整，构建科学的干部教育培训方案；同时注重创新干部培训载体，使干部培训紧紧跟得上时代的发展。应进一步推动以人工智能、大数据分析、区块链等为代表的新一代信息技术在干部教育培训领域的有效应用，推进干部教育培训创新发展。

（三）干部能力培训应坚持的几个重要原则

干部教育培训要紧紧围绕事业发展、干部履职尽责和个人成长中的突出问题，紧紧围绕组织需求、岗位需求和干部个人需求，增强针对性和实效性，真正做到干什么训什么、缺什么补什么。要突出组织需求，围绕坚持和发展中国特色社会主义、实现中华民族伟大复兴这一大局，着眼解决当前我国经济社会发展中的重点问题、体制机制改革中的难点问题、干部群众普遍关心的热点问题，组织开展专题培训，让干部了解党中央的决策部署和最新精神，明白应该做什么、不能做什么，怎样按照党的要求解决现实问题，把工作进一步做好。要着眼岗位需求，结合干部在履行岗位职责时所遇到的实际问题，科学制订培训计划，合理设置培训项目，提高干部的履职能力。要兼顾干部个人需求，综合考虑干部成长中的个性化、差异化需要，针对干部专业、能力、视野等方面存在的问题，运用干部选学、网络培训等多种形式，积极开展各种知识教育，帮助干部优化知识结构、拓宽眼界思路、提高科学人文素养，促进干部健康成长。

第一，坚持按需培训。正确认识和妥善处理组织需求、岗位需求和干部个人需求之间的关系。干部教育培训不同于国民教育,它是一种组织行为,首先应该符合和满足组织需要、事业需要和岗位需要。为此,一定要用好组织调训这个主要方式。当前有的地方一些干部多年不训、一些干部重复培训的现象比较突出,表面上看是工作忙、离不开,说到底还是主观认识问题。应该认识到,越是重要岗位、关键岗位的干部,越是工作骨干,越要加强培训。要严格落实培训计划,认真实行点名调训,切实让真正需要培训的干部得到培训。

第二,坚持分类分级培训。实现干部教育培训统一性与差异性、系统性与针对性相结合,应在干部培训实践中积极坚持做好分类分级培训。应坚持分类分级、全员培训,干部培训计划应把干部教育培训的普遍性要求与不同类别、不同岗位干部的在实际工作中的特殊需求相结合,增强干部培训的针对性。一方面,应要做好分类培训。党政干部、企业经营管理人员、专业技术人员和中青年干部、基层干部等不同对象的培训,除了培训的共性要求,不同的培训对象在培训内容、培训方向和培训方法等方面,应有其各自的特点。应根据不同培训对象的实际情况,坚持因材施教、分类施教,有针对性地开展培训。在培训工作中,应细化分类,更多地从岗位特点和工作职责出发设置班次,打破简单按职务级别设置班次的旧做法;依据初任培训、任职培训、专门业务培训等不同情况,科学设置培训内容,合理制定培训方式。另一方面,要坚持分级培训。推进干部教育培训,必须按照干部管理权限,明确工作职责,不能越位、缺位、错位,更不能"种了别人的地、荒了自己的田"①。要分级负责、各司其职,合力落实好干部教育培训各项任务,形成一级抓一级、层层抓落实的良好工作格局。

第三,坚持改革创新。改革创新是工作的内生动力,增强干部培训的活力,需要坚持改革创新,坚持开放办学。坚持改革创新的目的是提升干部培训质量,使干部培训跟得上时代的需要,始终与时代要求相对接,与干部的实际需要相对接。在实行开放办学的过程中,关键在于培训资源的整合。在开放办学方面,应该做好干部实体培训,同时,利用现代网络信

---

① 中共中央文献研究室编. 习近平关于社会主义政治建设论述摘编[M]. 北京:中央文献出版社,2017:205.

息技术，做好线上培训，把好的培训课程、培训教材以及案例等学习资源上网入库，及时进行资源共享。在培训实践中，应加强顶层设计，统筹各方力量做好培训工作，在教材编写和选取方面，应不断推出与时代主题紧密联系、与实际工作紧密联系、与治理能力紧密联系、高效、可操作性强、干部爱读的精品通用教材，与此同时，也应依据少而精、高效管用的原则，做好可读、好用的特色教材编写工作。

干部教育培训的改革创新，应紧紧地围绕实际工作需要，依据地区发展需要，切实提高干部培训的质量。干部培训的改革创新，可以实行需求调研制度，在干部培训计划制订之前，应进行需求培训调研，把需求调研作为干部培训工作的首要环节，做到不调研不培训，增强培训的针对性、实际操作性。干部教育培训的改革创新，应客观真实地做好培训质量评估，完善教学评估、办学水平评估的评估办法、评估方式、评估指标体系等重要指标。改革创新的关键点在于强化评估结果的运用分析，把评估结果作为评估干部培训的重要标准和主要依据，作为推进教学改革、提高教学质量的重要遵循和关键指标。做好改革创新，还应该建立培训内容的更新机制，改进教学方式方法，加大案例教学比重，以多样的教学形式和内容，增强培训的吸引力和感染力。做好干部教育培训的改革创新，其中重要的原则，就是处理好继承与创新的关系，应不断总结干部教育培训历史中宝贵的经验，弘扬干部教育培训的优良传统和宝贵经验，与时俱进地推动干部教育培训工作。

第四，坚持从严管理。在教育培训的原则中，应坚持从严管理。首先，是在思想上要从严，把理想信念教育、党性教育、作风教育放在干部教育培训的突出位置，教育干部牢固树立正确的世界观、人生观、价值观。其次，是在执行调训的制度上要从严，无论什么级别、什么层次的干部，都要自觉服从组织调训，不能想来就来、想不来就不来。再次，是在学风上要从严，应严格遵守教育培训的相关规定，在培训期间遵守培训纪律，树立学员意识，认真撰写发言材料、学习体会、调研报告和论文等，全身心投入学习培训。最后，在培训成果运用上应从严，应紧密联系思想实际和工作实际，真正做到学以致用、用以促学，使学习培训真正和实际工作相对接、与改革发展稳定的实践结合起来、和岗位需求相对接、和干部个人成长相对接。

第五，坚持终身学习。通过干部教育培训，建立终身学习的良好习惯，使领导干部坚持终身学习。通过个人自学、在职学习、参加培训等方式，将学习融入日常工作中，并形成常态化。在实际工作中，时刻做好专业学习，树立问题意识，不断在实践中发现问题，以问题带动学习，分析问题，解决问题。在不断学习的过程中，不断拓宽视野、开阔胸怀、增强实力、提高能力。强化"干部在线"学习，通过"线上＋线下"等基地平台的作用，坚持"请进来"与"走出去"相结合的原则，加大干部专业化学习的频度、深度和广度，引导干部自主学习，逐渐提升干部自主学习的意识，加快专业知识更新的步伐，通过不断学习，真正做到提升能力，增强本领。

第六，坚持实践锻炼。实践锻炼是提升专业能力和解决实际问题能力的重要途径，知识化不能等同于专业化，实践锻炼能不断提升解决实际问题的能力。在干部教育培训的过程中，改革发展主战场、重点工作第一线、服务群众最前沿都是干部成长最好的课堂，也是干部能力提升最有效的课堂。应把有发展潜力的专业干部放到生产发展一线，使干部在解决实际问题的过程中不断提升解决实际问题的能力。在生产发展与服务群众的一线工作中，获取经验、把握规律、总结方法、提升能力，需要干部多思多想多悟、经常对工作中出现的问题与困境进行总结梳理与提升，探索其中的规律，探寻工作方法。干部在一线锻炼的过程中，既参与实际工作又进行深入思考，把专业知识、专业能力不断进行转化，转化为实践中推动工作发展的具体方法、规律探索和实际成效。在一线工作实际中，应以问题为导向，将困难问题进行梳理，反复研究，深入调研，在学习中探寻解决问题的方法，在解决方法中总结解决问题的对策，真正实现本领提升、能力提升。

第二章　涵养干部队伍能堪重任的治理能力

2013年11月，党的十八届三中全会通过的《中共中央关于全面深化改革若干重大问题的决定》提出全面深化改革的总目标是："完善和发展中国特色社会主义制度，推进国家治理体系和治理能力现代化。"[①] 推进国家治理能力现代化是一个宏大的系统工程，涉及经济、政治、文化、社会、生态文明和党的建设等各领域。作为一项重大战略任务，提高干部队伍治理能力现代化水平有着重大历史意义和现实意义。提升干部队伍治理能力是应对国际国内形势深刻复杂变化、推进国家治理体系和治理能力现代化、处理突发公共卫生事件的紧迫要求，更是满足人民群众对美好生活向往的重要要求。提高干部队伍治理能力需要坚持四个重要原则：要正确理解全新的治理理念；强化群众工作的能力；深化制度的执行力；树立法治化的现代公共危机治理思维。

党的二十大报告把"国家治理体系和治理能力现代化深入推进"[②] 作为未来五年我国发展的主要目标任务之一。新征程上，必须深入推进国家治理体系和治理能力现代化，把我国制度优势更好地转化为治理效能。推进国家治理体系和治理能力现代化，是党中央高瞻远瞩、审时度势作出的重大战略决策，领导干部作为"关键少数""中坚力量"，其治理能力的现代化直接关系着国家治理体系和治理能力现代化的进程。当前，国际形势复杂多变，国内改革发展任务艰巨繁重。要实现第二个百年奋斗目标，干部队伍应发挥带头作用，主动担当作为，在治理实践中不断提升治理能力，

---

① 中共中央关于全面深化改革若干重大问题的决定[M]. 北京：人民出版社，2012：3.

② 习近平. 高举中国特色社会主义伟大旗帜　为全面建设社会主义现代化国家而团结奋斗——在中国共产党第二十次全国代表大会上的报告（2022年10月16日）[M]. 北京：人民出版社，2022：25.

"做"而论道——提升基层治理能力的实践探析

以新的治理理念破解治理过程中出现的新问题。

第一节 注重以现代化的治理思维破解实际问题

干部队伍提升解决实际问题的能力是时代之需。解决实际问题的能力是党和国家事业向前发展的保障,是当前社会治理实践的紧迫需要,也是实现人民对美好生活向往的内在要求。完善制度建设与不断优化自身治理理念是提升解决实际问题的两个重要渠道。应把坚持客观考核、树立正确导向、精准培训、切实提升能力以及正向激励、促进担当作为完善干部能力提升的制度保障。与此同时,党的干部应在治理实践中加强政治历练,注重调查研究与本领提升,坚持问题导向,不断优化自身治理理念,组织保障与自我提升相结合,在实践中提升解决实际问题的能力。

(一)提升解决实际问题的能力是推进事业发展的重要保障

在2020年秋季学期中央党校(国家行政学院)中青年干部培训班开班式上习近平总书记强调:"干部特别是年轻干部要提高政治能力、调查研究能力、科学决策能力、改革攻坚能力、应急处突能力、群众工作能力、抓落实能力,勇于直面问题,想干事、能干事、干成事,不断解决问题、破解难题。"① 提升干部队伍解决实际问题的能力是时代之需,是推进中国特色社会主义事业发展的重要保障,是当前社会治理实践的紧迫需要,也是实现人民对美好生活向往的内在要求。

"政治路线确定之后,干部就是决定的因素。"② 干部是党和国家事业发展的组织保障,干部队伍解决实际问题的能力随着党和国家事业发展的需要不断完成新的时代课题。新中国初期,针对社会主义建设的需要,中

---

① 习近平在中央党校(国家行政学院)中青年干部培训班开班式上发表重要讲话强调:年轻干部要提高解决实际问题能力 想干事能干事干成事[N].光明日报,2020-10-11.
② 毛泽东选集(第二卷)[M].北京:人民出版社,1991:526.

第二章 涵养干部队伍能堪重任的治理能力

央提出党的干部要"又红又专"[①],"专"就是对干部队伍专业治理水平的要求;改革开放初期,随着社会主义现代化建设的需要,提出干部队伍建设的"四化"方针(即革命化、年轻化、知识化、专业化),其中"专业化"就是对干部队伍治理能力的要求;中国特色社会主义进入新时代,提出建设高素质专业化的干部队伍,强调治理能力的现代化与解决实际问题的能力。任何一个时代,干部队伍治理能力的专业化、解决实际问题的能力都是事业发展的重要保障,是中国共产党执政的重要根基。

中国特色社会主义进入新时代,国内发展任务与国际发展环境都发生了复杂的变化,"十四五"时期中国将进入新的发展阶段,有很多问题亟待破解,这些问题呈现多样化与复杂化的特点。事业向前推进,需要新时代党的干部队伍治理能力的现代化。党的干部应读懂国际国内大势,准确把握中国社会由主要矛盾变化而带来的新挑战,敢于主动担当,勇于化解危机,将新时代中国特色社会主义事业向前推进。新的发展理念与新的理论是新时代社会治理实践的重要指导,然而部分干部没能及时悟透新的发展理念,没能及时进行理论上的跟进,欠缺主动学习新理念、新理论的意识,导致理论与实践脱轨,没能将新的发展理念贯穿治理实践的整个过程。党的干部是新时代中国特色社会主义事业的决定性因素,应对国际国内环境的变化与前所未有的挑战,党的干部需要担当的勇气,更需要担当的底气,紧跟新的发展理念更新认知体系,紧跟时代要求提升解决实际问题的能力。国家治理能力,主要体现在干部队伍的治理能力上。从现实情况看,有的干部特别是基层干部的治理能力现代化水平,还跟不上形势的发展,不能适应新时代要求。党和国家事业向前推进,要求各个领域的干部付出更多的努力,对于新的发展理念、新的理论及时跟进,进行具有新的历史特点的伟大斗争。党的干部用新理念、新思想武装头脑,提升分析问题与破解问题的能力,用新的发展理念与科学的治理方法应对挑战、破解难题、处理矛盾、解决实际问题,是推进中国特色社会主义事业向前发展的重要保障。

(二)应对国内外形势复杂变化的迫切需要

当前,面对风云变幻的国际局势和艰巨繁重的国内改革发展稳定任务,

---

① 毛泽东著作选读(下册)[M]. 北京:人民出版社,1986:803.

应对各种挑战和风险,赢得事业新胜利,对干部队伍提升治理能力提出了更高要求。广大干部只有不断提高治理能力现代化水平,才能及时发现和解决各种发展难题,有效应对国内外形势的复杂变化。从国际方面来看,一方面,多极化的政治、全球化的经济、信息化的社会、多样化的文化等得到了深入发展,治理体系的全球化和国际秩序的变革也得到了加速推进,世界上各个国家间的联系和依存度逐渐密切,不断呈现更趋平衡的国际力量。另一方面,世界的不稳定性和不确定性也逐渐凸显。世界经济增长面临动力不足的严峻现实、日益严重的贫富分化、此起彼伏的恐怖主义、让人担忧的网络安全、不可预测的传染性疫情、变幻无常的气候变化等各类安全威胁,致使人类面临着许多充满变数的挑战与困境。从国内方面来看,我国发展的重要战略机遇期依然存在,这对于经济社会发展具有十分光明的前景,与此同时也面临着严峻的挑战。面对正在发生深刻复杂变化的国际国内形势,我们要实现"两个一百年"奋斗目标,就必须立足于本国基本国情,在各个领域团结人民群众的力量,凝聚全体中华儿女的智慧,以形成不断向前发展的磅礴力量。在这个过程中,干部队伍是决定性的因素,需要不断加强领导干部现代化的治理能力建设,使领导干部有敢于担当作为的本领、有解决实际问题的能力、有破解困难的方式方法,用新的思维与方式解决新的问题,团结各个领域的力量,带领人民实现中国经济社会的发展。

(三)国家治理体系和治理能力现代化提出的新要求

国家治理体系和国家治理能力是一个有机整体,是一个国家生产力发展到一定阶段必然要直接面对和设法解决的重大问题,治理体系和治理能力的现代化集中体现了一个国家制度和制度执行的能力。在经济社会发展的实践中,国家治理体系和国家治理能力必须为党和国家事业向前发展、为人民群众幸福安康、为社会和谐稳定、为国家长治久安服务。要真正实现经济社会向前发展、国家长治久安,干部队伍非常关键。实现国家发展的重要目标,必须要有一支高素质专业化的干部队伍——敢于担当、善于作为、坚决落实党的路线方针政策,在各个领域团结群众,带领人民群众在各个领域推进实现国家治理体系和治理能力现代化,与人民群众一起实

第二章 涵养干部队伍能堪重任的治理能力

现共同的发展目标的干部队伍。因此，要推进国家治理体系和治理能力现代化必须加强干部队伍建设，尤其是注重干部队伍治理能力现代化水平的提升，使干部队伍适应全新的发展理念与时代发展要求。无论是"五位一体"总体布局还是"四个全面"战略布局都包含了对国家治理体系和治理能力现代化的根本性要求，党的十九届四中全会更是明确提出了国家制度完善和国家治理体系现代化的总体要求、总体目标和重要任务。实现中国社会的发展目标，要求领导干部提高治理能力，增强制度执行力，在社会治理的实践中，把制度优势转化为治理的效能，提高解决实际问题的能力。

（四）提升解决实际问题的能力是社会治理实践的迫切需要

党的十八大以来提出的新发展理念及"四个全面"战略布局都对干部队伍的治理能力提出了新的要求，十九届四中全会明确提出治理体系的现代化。新时代社会治理实践的重要依据就是治理体系和治理能力的现代化，干部队伍治理能力的现代化是国家治理体系现代化的重要基础，迫切要求随着新问题的出现与新任务的变化提升各级干部破解实际问题的能力。党的干部作为"关键少数"[①]，其治理能力关乎中国社会治理实践的发展进程。随着困难与风险的出现，部分干部欠缺对新形势的分析研判能力与对新任务的破解能力，新时代社会治理面临着诸多挑战，尤其是新冠肺炎疫情的爆发对干部队伍的治理能力是一次重大考验。如何在治理实践中补齐短板、提升能力，不断在工作实践中探索有效、高效的治理方式，精准破解难题，是各级领导干部应该思考的重要课题。新时代干部队伍治理能力现代化要求党的各级干部随着新形势与新任务的变化不断提升解决实际问题的能力，团结和带领人民群众实现我们共同的奋斗目标，实现国家长治久安与经济社会的稳定发展。干部队伍解决实际问题的能力应随着新时代社会治理实践的需要而提升，其关系着治理能力的现代化与全面建成社会主义现代化强国的目标。在社会治理实践中，党的干部能否紧跟时代要求，以共建、共治、共享的社会治理理论为指引，依据新情况的变化掌握社会治理的新本领，用新思维、新方法破解新问题，是新时代社会治理实践的迫切需要。

[①] 中共中央文献研究室编. 习近平关于全面从严治党论述摘编[M]. 北京：中央文献出版社，2016：111.

（五）提升解决实际问题的能力是实现人民对美好生活向往的内在要求

党的十八大以来，中国进入高质量发展时期，人民群众对美好生活的向往同发展不平衡、不充分之间的矛盾给领导干部解决实际问题的能力提出了新要求，干部队伍的治理能力踏上了新征程。在社会治理实践中，治理主体由政府一元向政府、社会组织、社区、公民等多元主体转变，治理体系呈现多元化和复杂化的特点，如何在多元的治理主体带来的利益多元化、矛盾多元化中贯彻"立党为公、执政为民"①的思想，给各级干部的治理能力提出了新挑战。在工作实践中，尤其是在完成战略任务与面对突发事件的过程中，党员干部解决实际问题的能力直接关系着人民群众的生活与利益。如何在应对风险挑战与困难危机中敢于担当作为，及时有效地破解问题、化解危机，要求各级领导干部在治理实践中坚持以人民为中心的发展理念，注重积累、提升解决实际问题的能力。在治理实践中，我们也清醒地看到一些干部的风险意识淡薄、在关键时刻缺少科学决策的能力、群众观念不强、群众工作能力欠缺、回避人民群众提出的问题等，阻碍了政策的执行，导致了人民群众的利益受损。中国特色社会主义进入新时代，人民对美好生活的向往逐渐转向追求生活质量，人民群众对各方面有了更高质量的期待，对教育、医疗、住房、就业、安全、环境等方面有了更高的要求。如何破解不平衡与不充分的难题，提升解决实际问题的能力以适应这些新的变化，是满足新时代人民群众对美好生活向往的内在要求。

进入新时代后，人民群众对美好生活的向往提出了更高的要求，从追求数量转向追求质量，从追求物质需要转为追求精神需要。人民群众对更加公平的教育、更加优质的医疗服务、更好的住房与就业、更优美的环境有了更高的追求与期待，对民主、法治、公平、正义、安全、环境有了更高要求。这些需求成为干部队伍工作的出发点与落脚点，并不断增多，日益强烈。领导干部的治理能力必须适应这些变化，跟得上时代的要求与人民群众的需求，不断提高工作能力，尤其是群众工作能力。领导干部是人民的公仆，应时刻关注人民群众的需求，积极为人民解决最关心的问题，

---

① 江泽民. 江泽民文选（第三卷）[M]. 北京：人民出版社，2006：422.

第二章　涵养干部队伍能堪重任的治理能力

更应重视对人民日常生活的关怀。当前，人民日益增长的美好生活需要面临着亟须解决的问题：首先，人民对美好生活需要的日益迫切，这些需要集中表现在对就业、收入、社保、医疗、养老、居住等方面提出更高的要求，也表现在对民主、法治、公平、正义、安全、环境等方面提出更新的要求。其次，我国社会生产力水平虽然总体上显著提升，但还存在发展不平衡和不充分的问题，尤其是区域间发展的不平衡和不充分，这种不平衡和不充分的存在，在某种程度上制约着人民对美好生活向往所提出的需求。如何实现人民对美好生活提出的更高要求，这就要求这支高素质专业化的干部队伍在发展实践中敢担当、善作为，在各个领域团结和带领人民群众实现发展，满足人民在经济、政治、文化、社会、生态等各个方面提出的日益增长的需求。

第二节　干部队伍治理能力的内在要求

国推进国家治理能力现代化，就是要在提高各级领导干部的治理能力和为人民服务能力上下功夫。具体说，就是要在贯彻落实"五位一体"总体布局上下功夫，努力提高相关方面的能力水平。

（一）提高经济建设能力的现代化水平

我国社会主义现代化建设是以经济建设为中心展开的。提高各级领导干部驾驭社会主义市场经济的能力，是提高其经济建设能力及现代化水平迫切需要解决的重大问题。改革开放40多年来的实践经验证明，要提高驾驭市场经济的能力，首先就要明确我国实行的是社会主义市场经济，我们搞市场经济是为中国特色社会主义伟大事业服务的。提高驾驭市场经济的能力，必须清醒认识市场经济的"两重性"特征，即市场经济既有推动经济发展的积极作用，又有腐蚀人的思想和灵魂的消极作用，容易刺激产生拜金主义、享乐主义和利己主义思想。只有既充分发挥市场经济推动经济发展的积极性作用，又遏制其消极性作用，防止腐败之风蔓延滋长，才能使各级领导干部经受住各种严峻考验。

（二）提高政治建设能力的现代化水平

旗帜鲜明讲政治，是马克思主义政党的鲜明特征，是我们党一以贯之的政治优势。党领导人民治国理政，最重要的就是要坚持正确政治方向，始终保持我们党的政治本色，始终沿着中国特色社会主义道路前进。善于从政治上观察和处理问题，是各级领导干部提高政治建设能力的重要内容。然而，只重视抓经济工作、不重视抓政治建设的现象在少数领导干部身上仍然存在，有的甚至滑向了腐败。只有自觉提高政治建设能力的现代化水平，才能更好地坚持和完善中国特色社会主义制度，在全面建设社会主义现代化国家新征程中贡献力量。

（三）提高文化建设能力的现代化水平

新时代的文化建设，既包括红色革命文化和中华优秀传统文化建设，又包括社会主义先进文化建设，其核心是坚持社会主义核心价值观。从实践经验看，提高文化建设能力现代化水平，首先要坚定文化自信，这是实现文化建设能力现代化的前提条件。要坚持"以我为主、博采众长、融化提炼、自成一家"，在吸收传统文化和外来文化中做到去粗取精、去伪存真，为我所用。这是提高文化建设能力现代化的关键所在。要提高鉴别是非真伪的能力，当前突出的问题是鉴别西方所谓的"普世价值"，认清它的实质是宣扬资本主义价值观；同时还要鉴别网络言论的是非真伪，不要轻信错误信息，更不要传播谣言。

（四）提高社会建设能力的现代化水平

新时代社会建设，包括社会管理、社会安全、社会繁荣和民生建设等问题，尤其是教育、医疗、卫生、就业、社保和扶贫等民生问题。解决这些问题是我们党全心全意为人民服务的必然要求。从现实情况看，各级领导干部都很重视社会建设和民生问题，但少数领导干部解决问题的能力还达不到现代化水平，很多民生难题长期得不到解决。提升社会建设能力的现代化水平，首先要坚持以人民为中心的发展思想，把人民对美好生活的向往作为始终不渝的奋斗目标，认真贯彻执行党中央关于加强社会建设的方针政策；同时还要认真学习社会学、管理学等科学知识，学习先进单位的经验并总结自己的实践经验，不断提高领导社会建设的能力。

（五）提高生态文明建设能力的现代化水平

党的十九届四中全会指出："生态文明建设是关系中华民族永续发展的千年大计。必须践行绿水青山就是金山银山的理念，坚持节约资源和保护环境的基本国策，坚持节约优先、保护优先、自然恢复为主的方针，坚定走生产发展、生活富裕、生态良好的文明发展道路，建设美丽中国。"① 这为各级领导干部提高生态文明建设能力现代化水平指明了方向。要实行最严格的生态环境保护制度，促进人与自然和谐共生；要全面建立资源高效利用制度，实行资源总量管理和全面节约措施；要健全生态保护和修复制度，统筹山、水、林、田、湖、草和海洋的一体化及其保护措施；要严明生态环境保护和修复的责任制度，使生态文明建设落到实处。

第三节 治理能力现代化的现实需要

（一）要正确理解全面贯彻党的路线方针政策

党的领导不仅是中国特色社会主义各项事业发展的领导者，也是我国国家治理的领导者。"国家治理体系是由众多子系统构成的复杂系统，这个系统的核心是中国共产党，人大、政府、政协、法院、检察院、军队，各民主党派和无党派人士，各企事业单位、工会、共青团、妇联等群团组织，都要坚持中国共产党领导。"② 党的领导主要是路线、方针、政策的领导。国家治理各领域各层级的党的干部，在治理的实践中都要贯彻落实党的路线方针政策，读懂党的最新的治理理念。在治理实践中，治理主体的全部治理活动、全部的工作，都应按照党的路线方针政策来践行。读懂全新的

---

① 中国共产党第十九届中央委员会第四次全体会议文件汇编[M]. 北京：人民出版社，2019：52.
② 中共中央文献研究室编. 习近平关于社会主义政治建设论述摘编[M]. 北京：中央文献出版社，2017：34.

治理理念，深刻全面地理解新时代的路线方针政策，是治理实践的首要要求，也是根本性要求。在治理实践中，更应坚持系统性思维、整体性思维，全面理解和认识党的路线方针政策，防止工作中简单的、片面性的理解，只考虑其中一个方面，而缺乏总体考量、系统性思考，只考虑其中一个目标而忽视整体设计与整体效应。因此，各级领导干部全面、系统地理解全新治理理念，正确理解全面贯彻党的路线方针政策，是干部队伍治理能力提升的首要要求。

（二）提高群众工作的能力

善于做群众工作是中国共产党的优良传统，也是中国革命、建设和改革取得成功的宝贵经验。在革命战争时期，工作条件非常艰苦、工作环境极其严酷，在这种情况下，为什么会取得中国革命的胜利？非常重要的原因是党的干部善于发动群众、宣传群众、组织群众、武装群众、凝聚群众，掌握了很好的群众工作方法，这是中国革命取得成功的宝贵经验。新时代的国家治理，除了要完善制度建设、健全法制建设，运用好国家权力，加强源头治理，还必须大力弘扬党的群众路线优良传统，使各级干部提高群众工作的能力，在实践中不断总结群众工作的经验，丰富群众工作的方法：在宣传群众、引导群众的过程中学会与群众沟通、凝聚力量，学会做群众工作，学会宣传教育引导群众，学会与群众沟通，学会运用讨论与协商的方式解决问题与矛盾。新时代社会治理实践中难免会遇到许多涉及群众利益的事情，也会面临许多涉及不同群体、不同个体的群众之间利益协调的问题，在工作中，也会遇到社会公共利益与某些个体利益产生的矛盾冲突问题。如何高效合理地解决这些问题，除了依法依规这一重要前提，更重要的是要公道正派地办事，公正无私地处理问题，与此同时，更加需要懂得沟通、协调、协商，掌握群众工作的方式方法，因此提升群众工作能力是干部队伍治理能力提升的重要要求。

（三）深化制度的执行力

干部队伍治理能力的提升，应深化制度的执行力。中国社会在向前发展的实践中，形成了一整套体现党和国家制度体系，包括民主集中制和决定重大问题、任免重要干部的决策制度，包括政府相关部门办理与群众利益相关事项,如土地拍卖、政府采购、政务公开等工作制度。这些制度规范和要求有利于决策科学化,有利于国家各项事业的良性运转,很好地避免了权力的滥用。干部队伍治理能力的现代化,国家公职人员的依法治理能力与干部队伍对制度的执行力非常重要,这就要求各个层级的领导干部在治理实践中,严格按照制度办事,依法执政,严格按照中央及各级党委政府确定的工作程序、工作规则办事。

(四)树立法治化的现代公共危机治理思维

干部队伍治理能力的提升,树立法治化的现代公共治理思维是关键。治理能力现代化的本身就是对传统管理方式的一种革新与扬弃,法治是现代治理理念的重要内涵,是公共危机治理现代化、文明性的重要因素。危机治理主体,尤其是领导干部队伍,要带头树立法治思维,依据法治方式和方法手段,推进公共危机治理的现代化、规范化、法治化,推进治理能力的现代化。党的十九届四中全会指出:"各级党和国家机关以及领导干部要带头尊法、学法、守法、用法,提高运用法治思维和法治方式深化改革、推动发展、化解矛盾、维护稳定、应对风险的能力。"① 在处理突发公共危机的实践中,群众的自律是根本,但他律是非常重要的保障;自律是内在的一种自我约束,他律是外在的来自法律法规的约束。法治在危机治理中起着重要的引领作用,确保治理在健康有序的环境中进行,只有通过法的强制力和规范性确保各项治理措施依法依规进行,才能在治理过程中真正保障人民群众的根本利益,有效进行公共危机防控与治理。法治思维与法治能力是领导干部在新时代应具备的重要素质,是否能依法依规进行治理实践,是考核领导干部治理能力现代化的重要方面,更是衡量领导干部治理能力现代化的重要标准。在危机治理的实践中,领导干部应具备法治精神,读懂最新要求,运用法治方式去解决问题,更应在处理公共危机时运用法治思维提升危机治理的指挥力、战斗力与凝聚力。

---

① 中国共产党第十九届中央委员会第四次全体会议文件汇编[M]. 北京:人民出版社,2019:34.

"做"而论道——提升基层治理能力的实践探析

第四节　在治理实践中实现自我提升

（一）在治理实践中加强政治历练，筑牢能力提升的根基

政治能力是七种能力的首要能力，是干部队伍提升破解问题能力的根本要求。干部解决实际问题能力的核心源于坚定的政治站位，政治站位的高低决定着破解实际问题能力的实现效果。提升政治能力要求党的干部在治理实践中的工作方向与国家大政方针保持高度一致，紧紧围绕国家发展战略与当前重要任务开展治理工作。首先，干部的政治能力的提升要求党的干部在党和国家发展的关键时期和治理过程中始终保持政治定力、防范政治风险，使自己的治理工作融入国家发展的战略布局，服务深化改革、服务战略实施。其次，党的干部应该在各自的工作领域提升政治能力，历练政治品格，形势越复杂、考验越严峻、困难越棘手越应在治理实践中保持政治定力，用清醒的政治头脑与坚定的政治立场应对重大风险挑战、完成重要治理任务、尽职尽责为人民服务。最后，党的干部应读懂新的发展理念，正如习近平总书记强调的："把握新发展理念，不仅是政治性要求，而且是知识性、专业性要求，因为新发展理念包含大量充满时代气息的新知识、新经验、新信息、新要求。"① 系统学习、悟透党的最新理论，主动学习新的思想，用新的理论指导新的治理方式，是提升解决问题能力的基础工作。

（二）在治理实践中注重调查研究，做好能力提升的前提

调查研究能力是科学决策、应急处突、群众工作等能力的重要前提。习近平总书记要求党的干部要不断解决问题，解决问题的方法不是凭空产生的，科学决策的重要前提就是对治理情况的清晰了解：了解实情—发现问题—分析研判—科学决策。提升解决问题的能力要求党的干部深入治理一线，依据真实的调研情况与信息资料，汇集群众的真实反馈，对所处环

---

① 习近平. 习近平谈治国理政（第二卷）[M]. 北京：外文出版社，2017：219.

境与面临问题进行客观的判断。治理的关键要素是信息,信息是否真实可靠,关系着决策是否精准科学,信息不真实就会导致判断不准确、决策不科学。调查研究是解决实与不实、科学与否的关键环节,党的干部应在治理实践中看到调查研究的重要性,注重在基层一线提升调研能力,依据真实的调研情况、翔实的调研资料、丰富的调研信息作出科学的分析与精准的判断。

(三)在治理实践中实现本领提升,优化自身治理理念

习近平总书记强调的七种能力都需要在实践中不断提升。党的干部应注重实践锻炼,将基层一线当作最好的课堂,将人民群众当作最好的老师,在实践中锻炼,向人民群众学习。不经历治理一线的锻炼,很难真正做到能力提升,遇到新问题、新挑战将无从下手,找不到突破口,无法破解难题。干部能否做出正确的决策与方案,基层一线锻炼中的经验积累与总结规律的能力尤为重要。一方面,党的干部应格外珍惜治理一线的锻炼机会,真正投身基层一线,把每一次实践锻炼积累的工作经验与工作方法进行认真总结提升,探索其中的治理规律。另一方面,在基层治理实践中,党的干部在每一次破解问题的过程中,都应分别从七种能力的角度进行不断的反思,反思在哪种能力上存在短板,在哪些方法上存在弱项,在哪些思维方式上存在缺陷,从综合的角度进行弥补与强化,在治理实践中不断自我反思,优化治理理念。

(四)在治理实践中关注问题,坚持两个原则

1. 坚持顶层设计与问计于民相结合

习近平总书记强调改革攻坚要有正确方法,要尊重群众首创精神,"把加强顶层设计和坚持问计于民统一起来,……"①。能力提升的核心在于读懂中央改革大政方针,紧跟改革步伐的同时倾听民声、汇集民智、科学决策。党的十九大报告指出,要增强群众工作本领,创新群众工作体制机制和方式方法。基层治理应符合客观规律,符合实际情况,符合人民群众的要求。如何实现人民对美好生活的向往,党的干部领导的各领域的治理实践应紧跟中央的改革步伐,与此同时,坚持拓宽人民群众反映问题的渠道,做到

---

① 习近平. 在教育文化卫生体育领域专家代表座谈会上的讲话(2020年9月22日)[M]. 北京:人民出版社,2020:2.

真正意义上的开门问策。人民群众的需要是基层治理的重要出发点和落脚点，在开门问策的过程中积累信息、寻找思路、提升解决实际问题的能力。应在领导基层治理的过程中，尊重群众的首创精神，在鲜活的基层经验中探寻基层工作方法，深入群众进行调研，作出破解问题的对策。

2. 坚持问题导向做到精准发力

党的干部解决实际问题能力的关键在于是否善于发现问题、发现问题后是否敢于直面问题并进行正确的分析研判，以最优方案破解问题。问题导向是能力提升的关键，问题是时代的声音。基层治理应坚持问题导向，做到精准发力，不断破解影响治理效能的突出问题。

党的干部能力提升的效果如何考量，解决实际问题的效果是硬道理。各个领域党的干部解决实际问题能力的提升在于精准找到问题，准确把握影响制约基层治理体系和治理能力现代化的突出问题，整合调动各方资源力量，奔着问题去，精准聚焦，破解难题，才能把政治优势、组织优势、资源优势转化为治理能力。

第五节 提升治理能力的经验与启示

（一）提高治理能力应做到四个提高

1. 提高政治能力是关键

干部队伍治理能力的提升，应把政治能力的训练与提升贯穿党性锻炼全过程。领导干部应该不断提高"三个把握"（即把握方向、把握大势、把握全局），也应该不断提升政治能力，即保持政治定力、驾驭政治局面、防范政治风险的能力。政治能力是领导干部做好一切工作的前提与保障，在领导干部的所有能力中，政治能力是排在第一位的，具有关键性作用。首先，领导干部应具备政治鉴别力，确保政治问题上不犯错误，始终紧跟深化改革的大政方针，坚定道路自信。心中有信仰，脚下有力量，在任何时候都要防止在政治这个根本性的问题上犯错误。其次，在治理实践中严格遵守政治纪律。领导干部要时刻牢记政治纪律的要求,坚定政治立场、严守政治规矩。坚持党的领导不动摇,坚决贯彻落实党的路线方针政策,始终做政治上的明白人。最后,坚守政治理想。领导干部必须牢固树立政治理想、在工作实际中时刻注重提高政治觉悟、不断加强政治历练,在领导干部党性教育的过程中应始终注重政治能力的培训,努力做到信念坚定、政治过硬、敢于担当,使领导干部具备担当的宽肩膀,有一份敢于担当的情怀。

2. 读懂最新发展理念

领导干部不断加强理论学习,读懂最新的发展理念,是提升治理能力的重要前提。用最新的发展理念与理论知识武装头脑,确保以新的发展理念指导实践。"不谋全局者,不足谋一域。"(清·陈澹然《寤言》)领导干部应该在理论学习的过程中不断提高思维能力,以理论的学习促进思维能力的提升,包括战略思维、创新思维、辩证思维、法治思维和底线思维,在治理实践中提升解决实际问题的能力。其一,在理论学习的过程中注重提升战略思维。领导干部要不断提高战略思维能力,以新的奋斗状态和担当精神把中国特色社会主义推向前进。其二,在理论学习的过程中注重提升创新。时代的不断向前发展要求领导干部具有创新思维与创新的本领,领导干部应依据最新理论与新的发展理念,提高创新思维,在实践中不断提高敢于创新、善于创新和持续创新的创新思维能力,以创新思维为内生动力推动新的发展。其三,在理论学习的过程中注重提升辩证思维。领导干部要深入学习掌握辩证法,并且在治理实践中注重运用辩证思维解决实际问题。用辩证思维不断提高驾驭复杂局面和处理复杂问题的能力,切实做到治理能力的提升。其四,在理论学习的过程中注重提升法治思维。法治思维是治理能力现代化的重要组成部分,领导干部要在治理实践中不断提高法治思维能力,善于运用法治思维思考问题、解决问题。领导干部要做到守法律和重程序,牢记职权法定,要明白权力来自哪里,要明白界线划在哪里,并要做到切实保护人民的权益,这也是社会主义法治的根本要求。其五,在理论学习的过程中注重提升底线思维。领导干部要不断提高底线思维能力,首要要求就是领导干部要守好清正廉洁的纪律底线,严格遵守党纪党规,要守好纪律这条底线,更要牢固树立法律红线不能触碰、法律底线不能逾越的观念。与此同时，领导干部更要树立正确的人生观、价值观，把廉洁自律当作领导干部的政治必修课来认真对待，严格遵守。决不能把权力变成牟取个人私利的工具，要永葆共产党人的政治本色。

3. 提升改革实干能力

在深化改革的重要时期，提升治理能力需要领导干部提升改革实干的能力——全心全意为人民服务，"空谈误国，实干兴邦"①。在深化改革的时期，领导干部的改革实干能力是各项事业向前推进的决定性力量，更是治理能力的重要体现，各级领导干部应坚持实事求是、求真务实精神，读懂改革创新的理论要求，真正做到谋划改革要实、落实改革要实，既当改革的促进派，又当改革的实干家。其一，提升调查研究的能力。没有调研就没有发言权，一切结论应产生于调查情况的结尾。领导干部要深入基层开展调查研究，到群众中去倾听群众的所思所想，倾听基层一线的声音，多接触第一手材料，做到基层情况心中要有数、矛盾问题心中要有数、群众期盼心中要有数。要刨根问底、掌握实情，把真实的调研情况进行深刻的分析，最终形成解决问题的重要措施。其二，提升执行力。制度的生命力在于执行，治理能力的现代化要求领导干部贯彻落实党的路线方针政策。领导干部一是要求真务实，决策和执行的每一个环节都要实，以坚定的执行力确保提升改革政策落地的能力；二是要紧扣关键领域做好改革谋划，蹄疾步稳往前走，不能在等待观望中错失改革良机、拖延改革进程。其三，提升改革创新能力。领导干部要增强改革创新意识，"既要敢为天下先、敢闯敢试，又要积极稳妥、蹄疾步稳，把改革发展稳定统一起来，坚持方向不变、道路不偏、力度不减，推动新时代改革开放走得更稳、走得更远"②。其四，领导干部要尊重人民首创精神。领导干部需要在工作实践中密切联系群众，坚持全心全意为人民服务的根本宗旨，尊重人民群众的首创精神，关注群众的真实需求，关心群众的利益诉求，坚持以问题为导向，着力解决人民群众反映强烈的突出问题。

4. 提高网信能力

确保网信事业更好造福人民，"知屋漏者在宇下，知政失者在草野"

---

① 习近平. 习近平谈治国理政（第一卷）[M]. 北京：外文出版社，2018：36.

② 习近平. 习近平谈治国理政（第三卷）[M]. 北京：外文出版社，2020：189.

（东汉·王充《论衡》）。随着科技信息的不断发展，各级领导干部要重视并善于运用网络了解民意、开展工作，并不断提高各个领域的网络综合治理能力。其一，适应时代发展的需求。领导干部要主动适应网络信息化时代对治理能力提出的新要求，需要有把握互联网发展规律的能力，同时应具备引导网络舆论的能力，在工作实践中，更要不断地提高驾驭信息化快速发展和保障网络安全的能力。其二，提高四种本领。领导干部要不断提高通过互联网服务群众的四种本领（即有效组织群众、正确宣传群众、科学引导群众和用心服务群众的本领），提高服务群众的"四种能力"（即自我净化、自我完善、自我革新、自我提高），确保互联网在法治轨道上健康运行。其三，善于集中民智。领导干部应善于在互联网上收集人民群众好的想法与做法，积极采纳人民群众提出的好的建议。更要善于在网上正确发声，积极回应网民最关心的问题、解答好这些问题。其四，科学制订相关规划。领导干部要认真研究、科学制订网信领域人才发展整体规划，不断深化人才发展体制机制改革，创造人才发展的活力与吸引力，为充分激发人才的聪明才智提供良好的发展环境。

（二）大连市的实践探索与启示

大连市西岗区"365便民体系"（以下简称365体系）的群众工作主要在于拓宽市民投诉与提供服务信息的渠道，完善沟通协调机制，健全市民听证议事制度，健全监督机制，对群众工作进行监督与考核。365体系的运作模式对新时代的群众工作提出了新的要求，要求地方政府向群众学习，拓宽服务群众的有效渠道；听取群众意见，建立制度化沟通机制；接受群众监督，保障人民群众民主权利。365体系的运作模式给新时代的群众工作带来重要启示，制定正确的政策应以人民群众的利益为根本出发点，改革各项任务的完成应依靠人民群众的智慧和力量，加强党的建设、改善党的领导应不断提高群众工作的能力。

大连市西岗区为了适应社会发展的需要，针对当前的公共服务领域的缺位与盲点创建了365体系。365体系的群众工作，在倾听民意、为民解忧、便民服务等方面探索出了一条创新发展、积极服务的群众工作新道路。

1. 大连市西岗区 365 体系群众工作的主要做法

尊重群众的主体地位、关注群众意愿与利益诉求的表达、注重群众工作的监督考核与长效发展；拓宽市民投诉与提供服务信息的渠道；完善沟通协调机制，健全市民听证议事制度；健全监督机制，对群众工作进行监督与考核。

第一，领导干部应注重拓宽市民投诉与提供服务信息的渠道。

365 体系注重收集群众的意见与需求，有效地提供群众真正需要的便民服务。365 体系将传统的工作方式与现代信息技术进行融合，增加了市民投诉的渠道，拓宽了市民服务信息的平台，形成了多种渠道共同运行收集市民投诉意见，综合服务统一提供市民服务信息。365 体系将各种信息统一纳入公共平台，并运用三个载体展开服务：首先是 365 体系的热线电话。开通了 83658365 的市民热线电话，共有 16 条线路、18 名接线员，24 小时为市民提供便民服务。其次是网格化社会管理系统的创建。365 体系将西岗区划分为 120 个一级网格，各个街道进一步划分，共划分出 532 个二级网格。运用专职与兼职相结合的方式形成了网格专员的队伍，网格专员用配备的专门手机主动对相关事件和信息进行及时上报。再次是运用网络舆情收集软件建立舆情管理中心。365 系统注重对网民意见的收集，其舆情手机软件将定期对辽宁省、大连市各个相关网站、论坛等广泛收集群众的意见。最后是建立群众来信来访接待中心。365 体系对来信来访服务不断进行完善，不仅在大楼，在社区和街道都建立了群众来信来访接待中心，对于群众的来信和来访设置专门的负责人，对整个来信来访过程进行登记与分析。

第二，领导干部应完善沟通协调机制。

西岗区 365 体系注重群众意愿的表达，并逐步完善沟通协调机制，健全市民的听证议事制度。365 体系中建立了自上而下、三级联动的沟通调解机制，用以调解由于利益纠纷而引起的社会矛盾。在市民大楼中，设立了市民听证议事大厅、建立了司法调解室、党代表、人大代表和政协委员工作室、心理疏导室等用于调解社会矛盾。同时，为了更好地让群众反映利益诉求，365 体系在街道与社区分别建立了居民议事机制及民主工作室，这一工作机制为群众维护自己的权利、提出自己的利益诉求提供了重要的平台与保障，在这一运行机制下，只要在辖区内联名提出诉求的居民人数达到5名以上,即可在3天内,在指定的地点启动议事的机制。这一议事机制的流程与操作将由相关部门在法律法规规定内开展咨询听证会。在这种沟通协调机制建立以来,听证议事、居民议事机制的不断完善对群众的维权、就业、教育、服务等多个方面提供了有效的载体与工作方式,对于各种重点和难点的问题,将会在市民大楼、街道、社区组织召开由区党政主要领导或牵头部门领导参加的办公会议,对各类相关问题进行现场解决。

第三,领导干部应注重对群众工作进行监督与考核。

365体系健全监督与考核机制,更加有利于群众工作质量的提升。365体系坚持采取督查考核与晋级评先相结合的跟进与监督方式,更好地对各个岗位工作人员的职责、对工作流程的监督管理进行有效约束。首先,领导重视、全面部署。西岗区的区委、区政府对于365体系尤为重视,针对365体系开展情况,定期举行专题会议并听取专题汇报,对于365体系运行过程中出现的困难问题进行讨论与研究,并对相关工作的开展进行部署。其次,建立完整的督查考核体系。在365体系的督查考核机制中,第一负责人是区委书记和区长,区政法委书记对工作进行具体领导,主要负责具体的事务,以此来保证督查考核工作的有效运行。与此同时,要求对整个群众诉求体系的运行、工作流程、工作结果、群众反馈等进行清晰梳理和全面了解。最后,运用网络技术巩固督查工作。相关工作负责领导可以通过网络技术,例如,通过手机、互联网及内部的监控系统对相关工作人员的工作状态、工作态度、工作流程等进行有效的监督。很好地约束了各个岗位工作人员的工作态度,避免了相互之间责任的推卸,很好地提高了工作效率和办公质量。

2. 西岗区365体系运作模式对干部队伍的内在要求

365体系运作模式对党的新时期群众工作提出了内在要求,在深化改革的新形势下,更好地胜任群众工作应向群众学习,拓宽服务群众的有效渠道;听取群众意见,建立制度化的沟通渠道;接受群众的监督,保障人民群众的民主权利。

第一,领导干部应向群众学习。

新时期群众工作有着不同的特点和要求。365体系的运作模式要求群众工作在任何时期,都要依靠人民群众的力量,将人民群众作为推进改革的主体和重要力量。人民群众都是社会实践的主体，人民群众的主动性和创造性在革命时期、社会主义建设、改革的时期都提供了丰富的智慧和经验。"群众是我们力量的源泉，群众路线和群众观点是我们的传家宝。"①

"我们党提出的各项重大任务，没有一项不是依靠广大人民的艰苦努力来完成的。"②邓小平同志关于群众工作的观点，给了我们重要的启示：群众是中国共产党力量的源泉，群众工作是中国共产党取得胜利的重要法宝。群众工作的关键在于不断向群众学习，注重群众所想所需，科学的政策制定，需要政策的制定者不断深入群众进行考查、调研，不断向人民群众学习，总结人民群众在实践中的经验智慧，最终在理论上给予提升，在政策制定上给予保障。农村家庭联产承包责任制就是中央在总结群众的建议、需求和首创精神过程中实现的，这是改革开放的重要经验和规律。365体系的运作模式要求我们，在深化改革的新时期，更应学习人民群众在实践中的经验，来总结规律，解决问题。政策的制定者应不断向人民群众学习经验和智慧，深入基层进行调研、学习基层好的工作方法，不仅能够保证政策的制定具有科学性和可操作性，还能调动人民群众广泛参与社会建设的积极性和主动性。尊重人民群众首创晋升所提供的智慧与经验，依靠人民、信任人民，将推进改革不断向前。

第二，领导干部应听取群众意见。

深入改革的新时期，政策制定的科学性、有效性的重要保障是听取人民群众的意见，针对人民群众的所需所想不断调整政策，完善制度，建立制度化的沟通机制。365体系的运作模式要求新时期的群众路线应不断采纳群众意见，了解群众所需，广开言路，集思广益，才能提出解决问题的方法。这一群众工作的具体做法也对深化改革时期的群众工作提出了新的要求，各地区政策制定的科学性和有效性，关键在于听取群众的意见与反馈，并不断做出政策调整。政策的制定应做到能够满足人民群众的根本利益，实现政策制定的科学有效性、解决发展中面临的问题，而其根源则在于听取群众意见，了解群众所需所想。党的十八大报告提出问计于民、问政于民、问需于民。群众工作的重点在于让群众表达自己的意见，听取群众的意见

---

① 邓小平. 邓小平文选（第二卷）[M]. 北京：人民出版社，1994：368.

② 邓小平. 邓小平文选（第三卷）[M]. 北京：人民出版社，1994：4.

并随之调整工作方法和政策。因此，制度化的沟通机制尤为重要，它是群众表达意见、建议的重要载体，是群众能够反馈意见的重要保障。在深化改革的今天，应使听证会和村民议事会等表达民意的载体不断的规范化和制度化，真正做到问计于民、问政于民和问需于民，重视群众的利益需求，听取群众的意见、建议，就会避免损害人民群众的根本利益。

第三，领导干部应接受群众监督。

365体系的运行模式要求群众工作必须接受群众的监督，以此来保障群众工作的科学有效性以及保障人民群众的民主权利。有效的监督能让权力更好地运转，能够更好地保障人民群众的民主权利。经过一百多年的发展，中国共产党曾经面临的困境，根源在于没有实现群众的有效监督而导致权力失去制约。邓小平同志多次指出，党的任务和职责是支持和引导人民群众维护自己的民主权利，实行民主选举、民主决策、民主管理和民主监督的权利。权力的运行关系着中国社会的发展，更关系着人民群众的根本利益，因此，权力的运行应接受人民群众的监督，让权力的运行更加公开、透明。建立有效的群众监督平台，探索群众监督的有效载体。在此基础上，还要丰富群众监督的方式方法。例如，构建有效的网络平台、电话平台，设立长期有效、具有约束力的群众信箱，等等。接受群众的监督，能够让群众工作更加贴近实际，进而得到群众的广泛参与和支持。中国社会更好地向前发展离不开有效的监督，接受群众监督，建立公开、透明、有效的群众监督平台能够更好地保障人民群众的民主权利，进而有效地推动社会发展和执政党的建设。

3. 西岗区365体系运作模式的启示性探索

365体系运作模式对新时期的群众工作有着重要的启示意义，深化改革的新时期，做好群众工作应做到：制定正确的政策应以人民群众的利益为根本出发点；改革各项任务的完成应依靠人民群众的智慧和力量；加强党的建设，改善党的领导应不断提高党的群众工作能力。

第一，领导干部制定正确的政策应以人民群众的利益为根本出发点。

新时期群众工作有着不同的特点和要求，365体系运作模式对地方政府的政策制定提供了重要的指导性启示。地方政府的政策制定，应以人民群众的利益为根本出发点和归宿。人民群众是推动社会发展的主要力量，正确的路线方针政策的制定应依靠人民群众的实践经验,尊重人民群众的意见和建议,以人民群众的根本利益为出发点和落脚点。邓小平同志强调:"任何政策如果只同干部见面,不同群众见面,是不能发生效果的。"①

通过365体系可以看出,政策的制定应与群众见面,不与群众见面的政策,不能发生效果。在中国社会发展的各个时期,正确政策的制定都是在深入群众之中进行调查研究、听取人民的意愿和利益诉求、尊重人民群众首创精神的基础之上提出的。而政策的制定如果脱离了人民群众的需求,不顾及人民群众的利益将难以实施。领导工作的正确开展,应虚心向人民群众学习,从群众的智慧中汲取力量,通过对人民群众实践经验和首创精神的总结推动社会不断向前发展。因此,人民群众是社会实践的主体,正确政策的制定应依靠群众的智慧和力量、不断深入群众、向群众学习、不断调查研究并以人民群众的利益为根本出发点。

第二,领导干部改革各项任务的完成应依靠人民群众的智慧和力量。

在改革开放的实践中,中国共产党取得的成就依靠的是人民群众的智慧和力量,在深化改革的新时期,攻坚克难,推进改革仍然要依靠人民群众的智慧和力量:"社会主义现代化建设的极其艰巨复杂的任务摆在我们的面前。很多旧问题需要解决,新问题更是层出不穷。党只有紧紧地依靠群众,密切地联系群众,随时听取群众的呼声,了解群众的情绪,代表群众的利益,才能形成强大的力量,顺利地完成自己的各项任务。"②在革命时期,中国共产党取得的胜利、各项任务的完成,离不开人民群众自觉自愿的参与、支持。在改革开放时期,改革开放的大幕正是由农村人民的改革创新开启的,"农村搞家庭联产承包,这个发明权是农民的。农村改革中的好多东西,都是基层创造出来,我们把它拿来加工提高作为全国的指导"③。365体系尊重了人民群众的主体地位,尊重了人民群众的需求,依靠了人民群众的力量。由此可以看出,群众工作应尊重人民群众的主体地位和首创精神,党的很多指导性的政策源于人民群众的实践。中国的改革由农村改革开始,农村改革又依靠人民群众对于家庭联产承包责任制的探

---

① 邓小平. 邓小平文选(第一卷)[M]. 北京:人民出版社,1994:145.
② 邓小平. 邓小平文选(第二卷)[M]. 北京:人民出版社,1994:342.
③ 邓小平. 邓小平文选(第三卷)[M]. 北京:人民出版社,1993:382.

第二章 涵养干部队伍能堪重任的治理能力

索，人民群众充满着智慧与力量。正是因为尊重人民群众的主体地位，才开启了中国农村改革的序幕，开始了中国的改革开放，因为人民群众的支持，改革的事业得以进展。在深入推进改革的今天，中国改革各项任务的完成，更应该尊重人民群众的主体地位，依靠人民群众的力量。

第三，领导干部应在实践中不断提高群众工作的能力。

党的十八大报告指出的四个危险之一就是脱离群众的危险。随着改革的不断推进，部分党员干部脱离群众的危险大大增加了，365体系启示我们，应做好群众工作，不断加强党的建设、改善党的领导、提高执政水平。在365体系中，区主要领导承担责任、做出统一部署、对工作流程进行监督与考核，这为新时期的群众工作提供了重要的规律性启示：加强党的建设、改善党的领导关键在于提高群众工作的能力。作为执政党，应该重视群众的意见，尊重群众的利益诉求，否则难以获得人民的支持与拥护。而提高群众工作的能力，有助于将群众的意见和利益诉求纳入党的决策制定，促使党科学执政，提高党科学执政的能力，改善党的领导。365体系在运行过程中，最为重要的环节是监督与反馈，这一环节也将使365体系更加持久、科学、有效地运行。因此，提高党的领导能力就要接受群众的监督，加强制度建设，听取群众的意见，而在这一过程中，党的群众工作的能力将不断提升。在深入群众工作的同时，应建立长效的群众监督机制，不但能促进政策制定的科学化，提高党的领导水平，还能使党永葆先进性，加强党的建设。

通过对365体系的了解与讨论，我们得知其中的规律性：党的群众工作在深化改革的新时期应随着新的形势、新的任务而不断调整、提高，不断向人民群众学习经验、深入基层进行调研；通过制度化的沟通机制听取群众意见建议，通过有效的监督平台，实现人民的监督权；尊重人民群众的主体地位，给予人民群众其应有的权利，并对这种权利进行保障；在群众工作的实践中不断维护人民群众的利益、提升群众工作的能力、提高领导能力。

第三章　增强干部队伍的担当意识

第一节　干部队伍担当作为的重要意义

担当就是责任,好干部必须有责任重于泰山的意识,坚持党的原则第一、党的事业第一、人民利益第一,敢于旗帜鲜明,敢于较真碰硬,对工作任劳任怨、尽心竭力、善始善终、善作善成。在中国共产党的百年奋斗历程中,干部队伍的担当作为起到了关键作用。勇担当、善作为是共产党人的政治品格,是实现目标任务的现实需要,也是党的事业向前发展的必然要求。征程万里风正劲,重任千钧再出发。中国特色社会主义进入新时代,面对复杂的困难挑战,年轻干部必须接过历史的"接力棒",拥有担当作为的宽肩膀、练就成事的真本领,苦干实干、不懈奋斗,担当起党和人民的期待,创造无愧于党、无愧于人民、无愧于时代的业绩。

（一）勇于担当、善于作为是中国共产党人的政治品格

政治品格体现着政党的利益追求,是政党价值理念的根本体现。担当,就是承担责任,是面对大事、难事的责任意识,是敢于直面问题、勇往直前的拼劲,更是"我将无我,不负人民"①的气魄。中国共产党是一个敢于担当历史责任的伟大政党,自诞生之日起,就自觉地把对国家、民族、人民的责任扛在肩上,担负起争取民族独立和人民解放、实现国家富强和人民幸福的历史使命。习近平总书记在庆祝中国共产党成立100周年大会上

---

① 中共中央党史和文献研究院,中央"不忘初心、牢记使命"主题教育领导小组办公室,编. 习近平关于"不忘初心、牢记使命"论述摘编[M]. 北京:党建读物出版社,中央文献出版社,2019:17.

第三章　增强干部队伍的担当意识

指出:"一百年来,中国共产党团结带领中国人民进行的一切奋斗、一切牺牲、一切创造,归结起来就是一个主题:实现中华民族伟大复兴。"① 一百年来,一代又一代中国共产党人不忘初心、牢记使命,在使命担当中带领中国人民不断前行。中国共产党敢于担当、善于作为的政治品格,展现在中国共产党带领中国人民取得革命、建设、改革的伟大成绩上,展现在中国共产党建党百年始终为人民谋幸福、为民族谋复兴的初心使命中,展现在为实现人民对美好生活向往的不懈奋斗中。

在内乱外患的旧中国,中华民族危机深重。1919 年,毛泽东同志在《湘江评论》中写道:"天下者我们的天下。国家者我们的国家。社会者我们的社会。我们不说,谁说?我们不干,谁干?"② 1921 年中国共产党成立,中国共产党人坚定革命理想、坚守民族大义,团结带领中国人民浴血奋战、百折不挠,经过 28 年艰苦的革命斗争,取得了新民主主义革命胜利,实现了中国人民梦寐以求的民族独立、人民解放。1949 年中华人民共和国成立,中国共产党团结带领中国人民在一穷二白、人口众多的东方大国,自力更生、发奋图强,取得了社会主义革命和建设的伟大成就。中国共产党自觉担当起民族责任,进行社会主义革命,确立了社会主义制度,完成了中华民族有史以来最广泛、最深刻、最伟大的社会变革,为实现中华民族伟大复兴奠定了根本的政治前提和制度基础。20 世纪 70 年代末 80 年代初,中国共产党人坚持解放思想、锐意进取,以对党和国家事业发展的巨大政治勇气和责任担当,作出把党和国家工作重心转移到经济建设上来、实行改革开放的历史性决策,实现了新中国成立以来党的历史上具有深远意义的伟大转折。

党的十八大以来,面对各种复杂矛盾和问题,习近平总书记指出:"我们的责任,就是要团结带领全党全国各族人民,接过历史的接力棒,继续为实现中华民族伟大复兴而努力奋斗,使中华民族更加坚强有力地自立于世界民族之林,为人类作出新的更大的贡献。"③ 中国共产党人以强烈的忧

---

① 习近平. 在庆祝中国共产党成立 100 周年大会上的讲话 [N]. 人民日报,2021-07-02.
② 中共中央文献研究室,中共湖南省委《毛泽东早期文稿》编辑组编. 毛泽东早期文稿 [M]. 长沙:湖南出版社,1990:410.
③ 习近平. 习近平谈治国理政 [M]. 北京:外文出版社,2014:4.

患意识和担当情怀，战胜了一系列重大风险挑战，团结带领全党全国人民自信自强，守正创新，坚持和加强党的全面领导，统筹推进"五位一体"总体布局、协调推进"四个全面"战略布局，坚持和完善中国特色社会主义制度、推进国家治理体系和治理能力现代化，以自我革命的精神不断推进党的建设新的伟大工程，推动党和国家事业发生历史性变革、取得历史性成就。中国共产党的百年奋斗历程让我们清晰地看到，勇于担当，善于作为是中国共产党人与生俱来的政治品格，体现着共产党人的胸怀、勇气和魄力。在党和国家事业发展的各个时期，面对不同的时代责任和历史使命，中国共产党人始终自觉地担当起对人民、对民族的责任，无私无畏、勇往直前，实现了中华民族从站起来、富起来到强起来的伟大飞跃。

（二）勇于担当、善于作为是实现目标任务的现实需要

在革命战争年代，广大干部是实现党的目标任务的骨干力量。为了取得中国革命的胜利，广大干部不怕牺牲、甘于奉献。在长征途中，过雪山时有个同志穿着单薄的旧衣服被冻死，指挥员想要见军需处长，问问他为什么不给这个被冻死的同志发棉衣，队伍里的同志含泪告诉他，被冻死的这个同志就是军需处长。在艰苦卓绝的岁月里，为了完成一个个艰巨的任务，无数共产党人不惜牺牲自己宝贵的生命。杨靖宇在冰天雪地、弹尽粮绝的情况下，孤身一人与大量日寇周旋，战斗几昼夜后壮烈牺牲。董存瑞立下誓言："我就是死后化成泥土，也要填到隆化中学的外壕里去，让大家踩着我们把隆化拿下来。"他用身体当支架，右手拉燃了导火索，将敌人的暗堡炸毁，用年轻的生命为部队的胜利开辟了道路。中国共产党为了实现共产主义的远大理想，几经挫折不断奋起，历经苦难而淬火成钢，为实现各项目标任务奋勇向前，不惧艰难险阻，不惧流血牺牲，带领中国人民取得了中国革命的伟大胜利。

"十三五"时期，在以习近平同志为核心的党中央的坚强领导下，广大干部担当作为、攻坚克难，顺利实现了确立的各项目标任务。全面深化改革取得重大突破，全面依法治国取得重大进展，全面从严治党取得重大成果，国家治理体系和治理能力现代化加快推进，脱贫攻坚成果举世瞩目，新冠肺炎疫情防控取得重大战略成果。为了完成消除绝对贫困的艰巨任务，

第三章 增强干部队伍的担当意识

数百万扶贫干部倾力奉献、苦干实干，1800多名同志将生命定格在了脱贫攻坚的征程上。为了夺取全国抗疫斗争的胜利，各条战线的干部临危不惧、在困难面前豁得出、关键时刻冲得上，不放弃、不退缩。在过去"十三五"的五年里，广大干部在各个领域坚守职责、践行担当，与全国各族人民一起奋斗顺利实现了第一个百年奋斗目标。

今天的中国，已经开启向第二个百年奋斗目标进军的新征程，到了实现中华民族伟大复兴的关键时期。要想顺利实现全面建成社会主义现代化强国的第二个百年奋斗目标，迫切需要建设一支坚决贯彻习近平新时代中国特色社会主义思想、符合新时期好干部标准、忠诚干净担当的高素质专业化干部队伍。当前，世界百年未有之大变局进入加速演变期，国际形势的不稳定性、不确定性明显增强，新冠肺炎疫情大流行影响广泛深远，单边主义、保护主义、霸权主义对世界和平与发展构成威胁，世界进入动荡变革期。对我国发展而言，面临着前所未有的复杂环境，仍处于重要战略机遇期，但机遇和挑战都有新的发展变化，发展不平衡、不充分问题仍然突出，重点领域关键环节改革任务仍然艰巨，全面实现社会主义现代化还有很长的路要走。站在新的起点上，广大干部尤其是年轻干部要读懂国际国内大势，以强烈的使命感、责任感接续奋斗、主动担当，团结带领全国各族人民实现我们党确立的各项目标任务。

（三）勇于担当、善于作为是党的事业发展的必然要求

我们党的事业要想顺利向前发展，任何时候都离不开广大干部的担当作为。我们党自成立之日起，就主动担负起为中国人民谋幸福、为中华民族谋复兴的历史使命。建党之初，50多名党员就怀揣着伟大的梦想并为之奋斗，就像李大钊同志所说的"新造民族之生命，挽回民族之青春者"[①]那样。建党百年来，中国共产党人为了人民幸福与民族复兴，主动挺起担当有为的脊梁。革命烈士方志敏写下的《可爱的中国》承载着多少共产党人的奋斗："我相信，到那时，到处都是活跃的创造，到处都是日新月异的进步，欢歌将代替了悲叹，笑脸将代替了哭脸，……我们民族就可以无愧色的立

---

① 李大钊选集[M]. 北京：人民出版社，1959：71.

在人类的面前……"①正是因为革命战争时期，有像李大钊、方志敏、杨靖宇、赵一曼等无数革命先烈的无私无畏、勇于担当，我们才建立了人民当家作主的中华人民共和国，彻底结束了旧中国半殖民地半封建社会的历史，彻底结束了旧中国一盘散沙的局面，彻底废除了列强强加给中国的不平等条约和帝国主义在中国的一切特权。

在和平年代，雷锋、焦裕禄、王进喜、孔繁森、杨善洲、张富清、张桂梅等先锋模范艰苦奋斗、无私奉献、勇于担当，谱写了一曲曲荡气回肠的奋斗赞歌。新中国成立初期，王进喜带领1205钻井队昼夜兼程，奔赴大庆，打第二口井时突然发生井喷，他不顾腿伤，带头跳进水泥浆池里用身体搅拌，经过全队工人的奋战，终于压住了井喷，保住了钻机和油井。他为祖国石油工业的发展和社会主义建设立下了功勋、创造了巨大物质财富，还给我们留下了宝贵精神财富——铁人精神。一代代中国共产党人在各个时期、各个领域勇于担当、善于作为，团结带领中国人民把党和国家事业不断向前推进。中华民族从曾经的苦难深重到今日展现出的自信自强，以不可阻挡的步伐迈向第二个百年奋斗目标，带领中国人民过上幸福的生活，正是一代代勇于担当、善于作为的共产党人创造的伟大成就。

新时代要想把党的事业更加有力地推向前进，迫切需要广大干部尤其是年轻干部勇于担当、善于作为。党的十八大以来，党的事业之所以蓬勃发展，与广大干部主动担当作为是密不可分的。敢于担当是新时代衡量好干部的一条重要标准。习近平总书记在不同场合多次谈到干部的担当问题，明确指出，实现中华民族伟大复兴的中国梦，关键在于培养造就一支具有铁一般信仰、铁一般信念、铁一般纪律、铁一般担当的干部队伍。2018年5月，中共中央办公厅印发《关于进一步激励广大干部新时代新担当新作为的意见》，强调以科学的机制激励干部的担当作为，为新时代干部的担当作为保驾护航。2019年修订的《党政领导干部选拔任用工作条例》指出，大力选拔敢于负责、敢于担当、善于作为、实绩突出的干部。年轻干部是党的事业向前发展的希望，是改革创新、事业发展的推动者，承载着全面

---

① 中共江西省委党史研究室、江西省方志敏研究会编. 方志敏全集[M]. 北京：人民出版社，2012：138.

建设社会主义现代化国家的重要任务,应时刻永葆"我将无我、不负人民"的担当情怀,推动党的事业不断向前发展。

第二节　干部队伍担当作为的内在要求

面向未来,要实现中华民族的伟大复兴,广大年轻干部必须自觉肩负起党和人民寄予的重托,进一步增强政治担当、历史担当、责任担当,努力创造新时代的光辉业绩。习近平总书记对敢于担当的内涵做了"五个敢于"的深刻阐释,明确指出"敢于担当,党的干部必须坚持原则、认真负责,面对大是大非敢于亮剑,面对矛盾敢于迎难而上,面对危机敢于挺身而出,面对失误敢于承担责任,面对歪风邪气敢于坚决斗争"①。"五个敢于"是新时代干部担当精神的具体体现,深刻诠释了干部敢于担当、善于作为的核心要义,为新时代广大干部敢于担当、善于作为,更好地干事创业提供了根本遵循。

(一)面对大是大非敢于亮剑

亮剑,是指古代剑客面对强大的对手,敢于坚决亮出宝剑勇于战斗的精神。党的十八大以来,习近平总书记针对一些党员干部在大是大非和政治原则问题上态度暧昧或认识模糊,党内政治生活中丧失原则、不敢批评的"好人主义",作风建设中的"四风"(即形式主义、官僚主义、享乐主义和奢靡之风)蔓延等问题,在不同场合多次强调要敢于亮剑,用这一形象的比喻要求广大党员干部坚持原则、勇于负责、敢于担当。面对大是大非敢于亮剑,鲜明地体现了一名党员干部坚定的政治立场,就是指党员干部在事关党和国家前途命运、事关最广大人民群众根本利益、事关实现中华民族伟大复兴的大是大非面前,敢于发声,敢于亮出自己的正确观点,始终与党同心同德,始终坚持党的事业第一、人民利益第一。这既是对组

---

① 习近平. 习近平谈治国理政(第一卷)[M]. 北京:外文出版社,2018:413.

织负责,也是对人民负责。

当前,在世界多极化、经济全球化、文化多样化、社会信息化的执政环境下,年轻干部在大是大非面前必须敢于亮剑,在思想上、政治上、行动上要始终同以习近平同志为核心的党中央保持高度一致。具体来讲,年轻干部要旗帜鲜明地反对和抵制那些否定党的领导、党的基本路线、党的历史、中国特色社会主义制度的言行,反对和抵制那些否定党的领袖和英雄人物的言行,反对和抵制那些编造谣言丑化党和国家形象的言行,坚决维护党和国家的形象。此外,针对当前我国意识形态领域的各种不当言论、错误思潮,广大干部必须要敢于亮剑,坚决捍卫马克思主义在意识形态领域的指导地位。当前,个别干部是非不明、善恶不辨、美丑不分,崇尚拜金主义、享乐主义和极端个人主义。所以,一名干部要做到大是大非面前敢于亮剑,首先要不断增强政治鉴别力,提高在大是大非问题面前的识别力。要善于透过现象看本质,善于从政治上去认识问题、分析问题,善于在复杂的形势环境中明辨是非、区分善恶、分清美丑。

(二)面对矛盾敢于迎难而上

矛盾是客观存在的,无时不有、无处不在。在矛盾面前,广大干部不能退缩,必须要敢于迎难而上。面对矛盾敢于迎难而上,就是指遇到矛盾不怕事,碰到问题不回避,在面对矛盾和困难时有责任担当,能迎难而上。我们党百年风雨历程在曲折中前进,是不断与各种矛盾做斗争的历史。我们党诞生之初,就面临着民族独立和人民解放的重任,团结带领人民解决了一个又一个矛盾,浴血奋战、百折不挠,取得了新民主主义革命的胜利。新中国成立后,为了确立社会主义基本制度,我们党带领人民艰苦奋斗、自力更生,创造了社会主义革命和建设的伟大成就。改革开放和社会主义现代化建设时期,为了解放生产力,发展生产力,我们党迎难而上,解放思想、锐意进取,带领人民实现了改革开放和社会主义现代化建设的伟大成就。中国特色社会主义进入新时代,我们党团结带领中国人民继续迎难而上,自信自强、守正创新,创造了新时代中国特色社会主义的伟大成就。

百年历程处处铭刻着我们党敢于直面矛盾、迎难而上的奋斗足迹。当前,个别年轻干部依然存在回避矛盾、害怕困难、在其位不谋其政等突出问题。

年轻干部富有干事创业的热情与冲劲。在实现第二个百年奋斗目标的新征程上，我国发展会面临各种突出矛盾和困难，迫切需要广大年轻干部敢于直面矛盾、问题，以主动担当的意识迎难而上。新时代年轻干部要有直面矛盾的勇气，在工作中遇到矛盾时不逃避、不推诿，充满信心、积极应对，努力解决各种矛盾。当然，年轻干部面对矛盾时，只凭借一股子闯劲、猛劲是不行的，要依据时代发展的需要，注重在实践中增强本领，不断提高解决实际问题的能力。时代赋予年轻干部特殊的历史使命，年轻干部要在理论、作风、能力等方面打下坚实基础，在面对矛盾的时候，将敢闯敢干与科学实干紧密结合起来。

（三）面对危机敢于挺身而出

大事难事见担当，危急时刻显本色。看一名干部是否敢于担当，不仅要看他在平时工作中是否尽职尽责，更要看他在紧急关头时是否挺身而出。《中国共产党党章》明确指出，中国共产党是中国工人阶级的先锋队，同时是中国人民和中华民族的先锋队。党的先锋队的性质决定了党员干部必须担当作为，面对危机必须挺身而出。敢于挺身而出，就是在紧急关头与危急时刻不胆怯，勇敢站出来、冲上去，当好中华民族的先锋队。在28年的新民主主义革命历程中，中国共产党人为了百姓不再受苦，为了革命事业的成功不怕牺牲、冲锋在前，牺牲的可以查到姓名的共产党员有370多万人；在艰苦奋斗、改革攻坚的关键关头，在抗震救灾、抗洪抢险等急难险重任务面前，广大党员干部冲锋在前、不惧风险。

中国特色社会主义进入新时代，在扶贫攻坚、疫情防控等关键时刻，坚守在各个岗位的党员干部冲锋在前、甘于奉献。当前，在抗击疫情的紧要关头，很多党员干部为了保护人民的生命安全挺身而出，将鲜红的党旗插在抗击疫情的最前线，用实际行动忠实践行了"我是党员，我先上""疫情在哪里，党员干部就要战斗在哪里"的铮铮誓言。百年风雨，我们党带领中国人民度过了一道又一道沟坎，取得了一个又一个成绩，党员干部在关键时刻的挺身而出起到了极为重要的作用。新时代广大干部尤其是年轻干部必须要时刻牢记入党时对党和人民许下的庄严承诺，在紧急关头、关键时刻勇敢站出来、冲上去，敢于挑大梁，当好中流砥柱，真正成为带领人民群众战风险、渡难关的民族脊梁。思想问题是最根本的问题。面对危机敢于挺身而出,要求年轻干部要把对党忠诚烙在思想深处,忠诚一辈子,奉献一辈子,在对党忠诚上没有丝毫含糊、不存任何迟疑。对党忠诚不是抽象的而是具体的,在各种危机面前,年轻干部要以敢于挺身而出的实际行动诠释对党的绝对忠诚。

(四)面对失误敢于承担责任

实践多次告诉我们,世界上没有任何一项事业是一帆风顺的。当前,我们处于前所未有的变革时代,干着前无古人的伟大事业,尤其是处于改革攻坚克难的关键时期,缺乏可遵循的现成经验。先试先行不可避免会出现失误,攻坚克难的过程中有失误在所难免,关键在于以什么样的态度去面对。在各种失误面前,年轻干部必须要敢于承担责任。面对失误敢于承担责任,就是以强烈的担当意识直面失误,不推诿、不躲闪,主动承担错误、承担后果。在党的历史上,很多老一辈无产阶级革命家给全党同志作出了很好的榜样。陈云在党的七大发言中讲了三个问题,第一个问题就是结合党的六届七中全会通过的《关于若干历史问题的决议》,对他当中央委员即从三中全会到七大这十多年中的革命经历进行深刻的检讨和剖析。陈云认为,在这次会上给自己算一算账,是需要而且有责任的。

面对失误敢于承担责任,体现了一名共产党人的担当精神,展现了一名共产党人的政治本色。在实现第二个百年奋斗目标的新征程上,要及时发现、合理使用面对失误敢于担责的优秀干部,使面对失误敢于承担责任成为干部的自觉追求。新时代年轻干部面对失误敢于承担责任,从自身来讲尤其应注意以下两个方面。首先,直面错误,敢于认错。人非圣贤,孰能无过。任何一个人想做到一生完全不犯错误是很难的。作为一名年轻干部,对取得的成绩和存在的失误要有正确的态度,绝对不能有了成绩都归自己,出了问题就全部推给别人,要有直面失误的坦荡胸怀。其次,知错能改,勇于纠错。"人谁无过,过而能改,善莫大焉。"(《左传·宣公二年》)年轻干部敢于认错很重要,但自觉改错更为重要。如果不用心改正以前的错误,下次有可能还会重演以前的失误。"过而不改,是谓过矣。"(《论语·卫灵公》)有了过错不加以改正,这才是真正的过错!年轻干部要有改正错误的思想自觉和行动自觉，认真总结失误的教训，善于把教训化为更好工作的不竭动力。

（五）面对歪风邪气敢于坚决斗争

歪风邪气指不良的作风和风气。面对危害党和人民利益的歪风邪气，年轻干部必须敢于坚决斗争，敢于动真碰硬，敢抓敢管敢批评，不做一团和气的"老好人"。在党的历史上，从遵义会议到延安整风运动，从关于真理标准问题的大讨论到全面从严治党永远在路上，之所以影响深远，关键在于我们党面对歪风邪气敢于坚决斗争。在领导社会主义革命和建设的过程中，毛泽东同志领导全党进行了多次整风、整党运动和专项教育活动，加强艰苦奋斗作风教育，开展了多种形式的斗争，坚决反对各种贪图享乐、铺张浪费现象，坚决惩治各种腐化堕落违法乱纪行为。2012年，刚刚当选为中共中央总书记的习近平在与中外记者见面时指出："我们党面临着许多严峻挑战，党内存在着许多亟待解决的问题。尤其是一些党员干部中发生的贪污腐败、脱离群众、形式主义、官僚主义等问题，必须下大气力解决。"[①] 在每一次重大转折的十字路口，中华民族都能驶向正确的方向，和广大干部面对歪风邪气敢于坚决斗争是密不可分的。

营造风清气正的政治生态是一项长期而艰巨的重大政治任务，显然这离不开广大干部持之以恒地与歪风邪气坚决斗争。当前，个别干部对歪风邪气视而不见，有的碍于面子当起了"好好先生"，有的干部不敢和歪风邪气作斗争，还有的主动参与到不正之风中。新时代年轻干部面对歪风邪气必须敢于坚决斗争，绝不能听之任之，要用自己的"一身正气"压倒歪风邪气，不给歪风邪气滋生和蔓延的机会，让坚持真理、明辨是非、敢于担当的优良作风成为常态。面对歪风邪气敢于坚决斗争，要求年轻干部首先要发扬顽强的斗争精神，不断增强斗争本领。如果一名年轻干部在工作中没有斗争本领或斗争本领偏弱，不可能很好地与歪风邪气坚决斗争。每个人的斗争本领都不是与生俱来的，广大年轻干部要把准斗争方向，坚定斗争意志，掌握斗争方法，锤炼过硬的斗争本领，做一名新时代敢于斗争、善于斗争的勇士。

---

① 习近平. 习近平谈治国理政[M]. 北京：外文出版社，2014：4.

"做"而论道——提升基层治理能力的实践探析

第三节 增强干部队伍担当作为的方法路径

在新的征程上,广大干部肩负着新的更为艰巨的历史任务,不熟悉、不确定的因素很多,难以预见的风险考验很多,很多问题的挑战性世所罕见。要想更好地推进中国特色社会主义伟大事业,迫切需要广大干部尤其是年轻干部有直面矛盾的勇气,有敢于担当的精神。年轻干部不管在什么岗位上,都要忠诚于党和国家的事业,展现出勇于担当、善于作为的宝贵品格。新时代年轻干部勇于担当、善于作为,要不断增强政治定力,切实提高解决问题能力,弘扬伟大建党精神,增强狠抓落实本领,努力成为让组织放心、让人民满意的优秀干部。

(一)不断增强政治定力,提高担当的自觉

习近平总书记在十八届中共中央政治局常委同中外记者见面会上,庄严地提出"三个责任",即对民族的责任、对人民的责任、对党的责任。这是中国共产党人的使命担当。干部干部,干是当头的。广大干部的担当源于坚定的政治定力,有了坚定的政治定力才能真担当。新时代年轻干部要不断增强政治定力,提高担当的自觉,以坚定的理想信念固积极作为之本,以深厚的理论素养固积极作为之基,以强烈的宗旨意识固积极作为之源。

1. 以坚定的理想信念固积极作为之本

一名年轻干部如果信念不坚定或理想信念出了问题,不可能很好地为党和人民的事业勇于担当、善于作为。坚定的理想信念是年轻干部担当作为的精神力量。习近平总书记明确指出:"长征是一次理想信念的伟大远征。崇高的理想,坚定的信念,永远是中国共产党人的政治灵魂。"① 我们党自成立之日起,就把共产主义确立为远大理想,长征途中党和红军几经挫折而不断奋起,归根到底在于对理想信念的执着。"风雨浸衣骨更硬,野菜

---

① 习近平. 在纪念红军长征胜利80周大会上的讲话(2016年10月21日)[M]. 北京:人民出版社,2016:3.

充饥志越坚;官兵一致同甘苦,革命理想高于天。"①艰苦的长征路上,崇高的理想和坚定的信念指引着红军一路向前。

当前,个别干部在工作中不担当、不作为,原因固然是多方面的,追根溯源是由于理想信念这个"总开关"出了问题。坚定马克思主义信仰,坚定共产主义和中国特色社会主义信念,始终是中国共产党人安身立命之本,始终是激励和鼓舞中国共产党人不懈努力奋斗的精神动力,始终是中国共产党人敢于担当的政治定力之基。习近平总书记指出,理想信念动摇是最危险的动摇,理想信念滑坡是最危险的滑坡。当前,国际国内形势复杂多变,各种挑战多、风口浪尖的考验多,如果一名年轻干部理想信念不坚定,精神上"缺钙",就容易在风浪面前东摇西摆。这就需要年轻干部在政治上要有定力。新时代年轻干部要深刻认识坚定理想信念的极端重要性,认真学习习近平总书记关于理想信念的一系列重要论述,把坚定理想信念作为十分重要的人生必修课,始终保持对远大理想和奋斗目标的清醒认知和执着追求,自觉做共产主义远大理想和中国特色社会主义共同理想的坚定信仰者和忠实实践者。

2. 以深厚的理论素养固积极作为之基

一名年轻干部勇于担当、善于作为,不仅要有政治上的坚定,还必须要有理论上的清醒。如果年轻干部在理论上不清醒、很糊涂,那么遇到复杂问题时就会迷失方向,甚至被错误的东西所俘虏。新时代年轻干部要有加强理论学习的紧迫感、自觉性,把学习掌握马克思主义理论作为看家本领,这样才能把握担当的方向、提高担当的能力。我们党是一个高度重视学习、善于学习的马克思主义执政党,一部党的历史就是一部创造性学习的历史。十月革命一声炮响,给我们送来了马克思列宁主义,我们党是在学习马克思主义的过程中成立的,始终把马克思主义作为自己的行动指南。延安时期,毛泽东同志提出"马克思主义中国化",发表了《改造我们的学习》,在"怎么学"的问题上把学风摆在党的建设重要位置。改革开放时期,全党开启了全新的学习。邓小平同志说过,将来要培养一大批拥有马克思主义理论

---

① 习近平. 在纪念红军长征胜利80周年大会上的讲话(2016年10月21日)[M]. 北京: 人民出版社, 2016: 4.

素养的领导干部。

党的十八大以来，以习近平同志为核心的党中央根据时代变化和实践发展，把成功的实践上升为理论。新时代、新担当、新作为的首要要求，就是学懂、弄通、做实习近平新时代中国特色社会主义思想，用新的思想指导新的实践，以深厚的理论素养为担当作为提供思想上的有力支撑。新时代年轻干部在理论学习中要紧密结合新时代、新实践、新任务，有针对性地重点学习，结合本职工作学习。要坚持读原著、学原文、悟原理，往深里走、往实里走、往心里走，带着信念学、带着感情学、带着使命学，为新时代担当作为打下坚实的理论基础。通过深入学习，进一步坚定"四个自信"（即道路自信、理论自信、制度自信、文化自信），对"四个自信"真正做到刻骨铭心，自信才有力量，自信才能担当！

3. 以强烈的宗旨意识固积极作为之源

一名年轻干部不管在什么工作岗位上，都肩负着党和人民的重托，意味着责任和付出，意味着奉献和牺牲。年轻干部敢于担当、善于作为，必须要牢固树立全心全意为人民服务的宗旨意识，必须对人民群众怀有深厚的感情。如果宗旨意识淡薄，不可能为党和人民的事业真担当、真作为。党的百年历史告诉我们，党员干部必须始终牢固树立强烈的宗旨意识，否则，我们党的事业就会一事无成。习近平总书记在庆祝中国共产党成立100周年大会上指出："江山就是人民、人民就是江山，打江山、守江山，守的是人民的心。中国共产党根基在人民、血脉在人民、力量在人民。"[①]在沂蒙，诞生了无数可歌可泣的英雄儿女，如沂蒙六姐妹、沂蒙母亲、沂蒙红嫂——"最后一块布做军装，最后一粒米做军粮，最后一个儿子送战场"，道出了沂蒙红嫂为支持抗战倾其所有，包括救命的粮食和最珍贵的生命。

"鄂豫皖苏区能够'二十八年红旗不倒'、新四军能够在江淮大地同敌人奋战到底，刘邓大军千里跃进大别山能够站住脚、扎下根，淮海战役能够势如破竹，百万雄师过大江能够气吞万里如虎，根本原因是我们党同人民一条心、军民团结如一人。"[②]新时代年轻干部在工作中要始终坚持以人民为中心的发展思想，真心实意对人民群众负责，尽职尽责做好本职工作。

---

① 习近平. 在庆祝中国共产党成立100周年大会上的讲话[N]. 人民日报，2021-07-02.
② 习近平. 论中国共产党历史[M]. 北京：中央文献出版社，2021：47-48.

首先,学好党史,领悟初心。年轻干部要从学习党的历史中深刻领会我们党的根本宗旨、党的初心和使命、党的根本政治立场、党的根本工作路线等。从学习中深深地懂得,在前进的道路上,我们党必须要始终紧紧依靠人民、为了人民,才能永远立于不败之地。其次,对照先进典型、身边榜样,寻找差距。年轻干部在工作中要经常对照先进典型、身边榜样,找一找自己在群众观点、群众立场、群众感情、服务群众方面存在哪些差距,有的放矢地进行整改。

(二)提高解决问题能力,增强担当的底气

提高解决实际问题能力是应对当前复杂形势、完成艰巨任务的迫切需要,也是年轻干部成长的必然要求。年轻干部勇于担当、善于作为,必须要有过硬的能力作支撑。如果没有过硬的能力,勇于担当、善于作为就是一句空话!新时代广大干部特别是年轻干部要切实提高政治能力、调查研究能力、科学决策能力、改革攻坚能力、应急处突能力、群众工作能力、抓落实能力,想干事、能干事、干成事,不断解决问题、破解难题。"七种能力"不是孤立的,而是相互联系、相互作用、相互促进,构成了一个完整的领导能力体系,是干部做好工作的重要前提和保障。

1.提高政治能力,担负政治责任

政治能力是干部立身之本、从政之基。习近平总书记指出,在干部干好工作所需的各种能力中,政治能力是第一位的。有了过硬的政治能力,才能做到自觉在思想上、政治上、行动上同党中央保持高度一致,在任何时候任何情况下都能"不畏浮云遮望眼"(北宋·王安石《登飞来峰》)、"乱云飞渡仍从容"(毛泽东《七绝·为李进同志题所摄庐山仙人洞照》)。政治能力就是把握方向、把握大势、把握全局的能力,就是辨别政治是非、保持政治定力、驾驭政治局面、防范政治风险的能力。提高干部政治能力,是加强党的政治建设的重要内容,是有效应对各种风险挑战的关键之举,是推进中国特色社会主义伟大事业的必然要求。年轻干部提高政治能力,首先要牢牢把握正确政治方向,自觉地坚持党的领导和我国社会主义制度。凡是有利于坚持党的领导和我国社会主义制度的事就坚定不移做,凡是不利于坚持党的领导和我国社会主义制度的事就坚决不做!此外,年轻干部

"做"而论道——提升基层治理能力的实践探析

要不断提高政治敏锐性和政治鉴别力,自觉加强政治历练,注重提高马克思主义理论水平,努力做到政治能力过硬。

2. 提高调查研究能力,夯实调查研究质量

调查研究是谋事之基、成事之道,是干部做好领导工作的一项基本功。调查研究能力是干部整体素质和能力的一个重要组成部分。新时代年轻干部要始终坚持和不断加强调查研究,不断提高调查研究能力,努力在求深、求实、求细、求准、求效上下功夫。"深",就是要深入群众,深入基层,善于与工人、农民、知识分子和社会各界人士交朋友,到田间、厂矿、群众和社会各层面中去解决问题。"实",就是作风要实,做到轻车简从,简化公务接待,真正做到听实话、摸实情、办实事。"细",就是要认真听取各方面的意见,深入分析问题,掌握全面情况。"准",就是不仅要全面深入细致地了解实际情况,更要善于分析矛盾、发现问题,透过现象看本质,把握规律性的东西。"效",就是提出解决问题的办法要切实可行,制定的政策措施要有较强操作性,做到出实招,见实效。

3. 提高科学决策能力,应对复杂决策难题

科学决策是科学执政的基础,是领导工作的重要一环。新时代年轻干部要想做到科学决策,必须不断提高科学决策能力,这是干部干事创业、履职尽责的必然要求。习近平总书记在2020年秋季学期中央党校(国家行政学院)中青年干部培训班开班式上发表重要讲话强调,做到科学决策,首先要有战略眼光,看得远、想得深。领导干部想问题、作决策,一定要对国之大者心中有数,多打大算盘、算大账,少打小算盘、算小账,善于把地区和部门的工作融入党和国家事业大棋局,做到既为一域争光、更为全局添彩。其次,始终坚持依法决策,力戒随意决策、人情决策。年轻干部要深刻学习领会习近平法治思想,做尊法、学法、守法、用法的模范,做到在法治之下想问题、作决策。最后,年轻干部作决策一定要开展可行性研究,多方听取意见,综合评判,科学取舍,使决策符合实际情况。

4. 提高改革攻坚能力,助推全面深化改革

全面深化改革是"四个全面"战略布局之一,新的征程上要夺取全面深化改革新胜利,离不开广大年轻干部过硬的改革攻坚能力。改革攻坚能力,是指解决重大改革难题的能力,就是指"涉险滩""啃硬骨头"的能力。

"十四五"时期,我国进入新发展阶段,构建新发展格局,推动高质量发展,继续走在时代前列,要求广大年轻干部必须不断提高改革攻坚能力。习近平总书记在2020年秋季学期中央党校(国家行政学院)中青年干部培训班开班式上发表重要讲话强调,改革攻坚要有正确方法,坚持创新思维,跟着问题走、奔着问题去,准确识变、科学应变、主动求变,在把握规律的基础上实现变革创新。要尊重群众首创精神,把加强顶层设计和坚持问计于民统一起来,从生动鲜活的基层实践中汲取智慧。要注重增强系统性、整体性、协同性,使各项改革举措相互配合、相互促进、相得益彰。

5. 提高应急处突能力,防范化解重大风险

在全面建设社会主义现代化国家新征程的前进道路上,我们仍然面临着许多挑战和风险。要想更好地应对各种风险挑战,迫切需要广大干部特别是年轻干部具备过硬的应急处突能力。提高干部应急处突能力,是应对各种风险挑战的现实需要,是维护经济社会发展大局的必然要求。当前,我们党面临的风险来自各个方面,如政治安全风险、意识形态安全风险、经济发展风险、社会稳定风险等。年轻干部提高应急处突能力,首先要切实增强风险防范意识,下好先手棋、打好主动仗,做好随时应对各种风险挑战的准备。其次,科学预判潜在的风险。预判风险是防范风险的前提。对潜在的风险要有科学预判,知道风险在哪里,表现形式是什么,发展趋势会怎样,该斗争的就要坚决斗争。最后,年轻干部还要提高应急处突的见识和胆识,努力成为所在工作领域的行家里手。

6. 提高群众工作能力,增强为民执政底气

全心全意为人民服务是我们党的根本宗旨。新时代年轻干部要想更好地践行这一根本宗旨,必须具备过硬的群众工作能力。年轻干部提高群众工作能力,要学会换位思考。习近平总书记指出,做群众工作要注意换位思考,设身处地为群众着想。只有将心比心,才能换取真心,才能找到解决问题、推动工作的良策。年轻干部要自觉拜人民为师,甘当小学生,向能者求教,向智者问策,特别要多交几个能说心里话的基层朋友。共产党的干部是当"老百姓的官",在做群众工作中,年轻干部一定要带着真挚的深厚的感情同人民群众沟通,做人民群众的贴心人。如果一名年轻干部对人民群众没有感情或感情不深,不可能做好群众工作。年轻干部要时刻

把群众安危冷暖放在心上，切实解决好人民群众在就业、教育、医保、社保、收入、住房等方面的"急难愁盼"问题，不断增强人民群众的民生"三感"（即获得感、幸福感、安全感）。

7.提高抓落实能力，不折不扣抓好落实

抓落实是领导工作中一个极为重要的环节，是衡量一名干部世界观正确与否和党性强不强的一个重要标志。抓落实能力是七种能力中最后一种能力，是检验干部政治能力、调查研究能力、科学决策能力等的重要依据。工作中看一名干部的能力到底怎么样，最终要看他的抓落实能力怎么样，要看他是否把党和国家各项方针政策、工作部署和措施要求落实到实践中去、落实到群众中去。习近平总书记指出，干事业不能做样子，必须脚踏实地，抓工作落实要以上率下、真抓实干。年轻干部提高抓落实能力，首先必须要牢固树立党的宗旨意识，把执政为民贯穿各项工作的落实中。干部在抓落实的过程中，肯定会遇到很多矛盾和问题。在矛盾和问题面前，不能被吓倒，要具有知难而进、锲而不舍的奋斗精神，千方百计地及时解决各种矛盾和问题。

（三）弘扬伟大建党精神，永葆担当的情怀

习近平总书记在庆祝中国共产党成立100周年大会上的重要讲话中，首次提出并阐释了伟大建党精神："一百年前，中国共产党的先驱们创建了中国共产党，形成了坚持真理、坚守理想，践行初心、担当使命，不怕牺牲、英勇斗争，对党忠诚、不负人民的伟大建党精神，这是中国共产党的精神之源。"① 伟大建党精神体现了我们党为人民、为民族的使命担当，告诉每一位党员干部要始终牢记党的初心使命与担当精神。在实现第二个百年奋斗目标的征程中，年轻干部要把为人民服务作为工作的出发点与落脚点，把为党和人民奋斗作为永恒的担当，大力弘扬伟大建党精神，永葆共产党人的担当情怀。

1.伟大建党精神激励干部心怀"国之大者"

2020年以来，习近平总书记在多个场合多次谈到"国之大者"。2020

---

① 习近平. 在庆祝中国共产党成立100周年大会上的讲话[M]. 北京：人民出版社，2021：8.

第三章 增强干部队伍的担当意识

年4月，习近平总书记在陕西考察时首次提出"国之大者"①，强调要自觉讲政治，对国之大者要心中有数，关注党中央在关心什么、强调什么，深刻领会什么是党和国家最重要的利益、什么是最需要坚定维护的立场。"国之大者"就是事关党和国家前途命运、事关中华民族伟大复兴、事关人民幸福安康、事关社会长治久安的大事。在庆祝中国共产党成立100周年大会上的重要讲话中，习近平总书记强调，要牢记"国之大者"。对于中国共产党人而言，人民重于千钧，人民就是一切，让人民生活幸福就是"国之大者"。党的十八大以来，从强调"人民对美好生活的向往，就是我们的奋斗目标"②，到"不惜一切代价"③救治新冠肺炎患者，再到"一个也不能少"④如期打赢脱贫攻坚战，每一句承诺，每一个行动，都诠释着中国共产党不变的初心和使命。

新时代年轻干部心怀"国之大者"，首先，应立足"两个大局"。"领导干部要胸怀两个大局，一个是中华民族伟大复兴的战略全局，一个是世界百年未有之大变局，这是我们谋划工作的基本出发点。"⑤年轻干部要清醒地认识当前国际国内各种不利因素的长期性、复杂性，妥善做好应对各种困难局面的准备，谋定而后动，厚积而薄发，在危机中育先机、于变局中开新局。其次，不断提高政治"三力"。年轻干部心怀"国之大者"，必须要不断提高政治判断力、政治领悟力、政治执行力，自觉在思想上、政治上、行动上同党中央保持高度一致。提高政治"三力"，是年轻干部旗帜鲜明讲政治的核心所在，是不断增强"四个意识"、坚定"四个自信"、做到"两个维护"的必然要求。最后，坚定人民立场。心怀"国之大者"，要求年轻干部必须要站稳人民立场，始终同人民想在一起、干在一起，在工作中千方百计地实现好、维护好、发展好最广大人民群众的根本利益。

---

① 习近平在陕西考察时强调：扎实做好"六稳"工作落实"六保任务"奋力谱写陕西新时代追赶超越新篇章[N]. 人民日报，2020-04-24.
② 习近平. 习近平谈治国理政（第一卷）[M]. 北京：外文出版社，2018：4.
③ 中共中央党史和文献研究院编. 习近平关于统筹疫情防控和经济社会发展重要论述摘编[M]. 北京：中央文献出版社，2020：9.
④ 中共中央党史和文献研究院编. 习近平扶贫论述摘编[M]. 北京：中央文献出版社，2018：23.
⑤ 习近平. 习近平谈治国理政（第三卷）[M]. 北京：外文出版社，2020：77.

2. 伟大建党精神激励干部永葆无私情怀

我们党从成立之日起，就把"立党为公"庄严地写在自己的旗帜上。共产党人的无私情怀就是大公无私、公私分明、先公后私、公而忘私。《共产党宣言》指出，共产党人没有任何同整个无产阶级的利益不同的利益。《中国共产党党章》中明确规定：党除了工人阶级和最广大人民群众的利益，没有自己特殊的利益。在中国革命、建设、改革的漫漫征程中，千千万万的共产党员前赴后继，用无私情怀照亮了时代的前进之路。孔繁森把自己的身心投入到西藏的建设，在岗巴工作的3年间，他跑遍全县的乡村、牧区，访贫问苦，和当地群众一起收割、打场、干农活、修水利。张富清在部队保家卫国，到地方为民造福，他用无私奉献诠释了"我是革命一块砖，哪里需要哪里搬"。各个时期中国共产党人的无私奉献，是我们党取得胜利的重要原因。

伟大建党精神让我们看到中国共产党由小到大、由弱到强，团结带领中国人民创造历史伟业，其中一个重要原因就是中国共产党人"天下兴亡、匹夫有责"的无私情怀。新时代年轻干部永葆无私情怀，一是要牢固树立正确的权力观。年轻干部手中掌握一定的公共权力，要想做到正确用权，必须树立正确的权力观。如果权力观错位了，很容易走向犯罪道路，更谈不上无私情怀。年轻干部要牢固树立"权为民所用、情为民所系、利为民所谋"①的权力观，把人民群众利益放在行使权力的最高位置，把人民群众满意作为行使权力的根本标准。二是年轻干部办事要出于公心。"一心可以丧邦，一心可以兴邦，只在公私之间尔。"（宋·《二程语录》）领导干部身份是公职、公仆，职责是公务、公干，维护的是公益、公利，就应当始终秉持公心。只有一心为公、事事出于公心，才能坦荡做人、谨慎用权，才能光明正大、堂堂正正。②

3. 伟大建党精神激励干部涵养浩然正气

在中国共产党的百年奋斗历程中，无数共产党人大义凛然赴国难，披肝沥胆做奉献，从长征的血战到抗日的烽烟，从建设的探索到改革的攻坚，从发展的事业到复兴的伟业，中国共产党人用浩然正气演绎出无数可歌可

---

① 胡锦涛. 胡锦涛文选（第三卷）[M]. 北京：人民出版社，2016：121.
② 刘云山. 领导干部要敢于担当[N]. 学习时报，2014-03-09.

泣的感人事迹。在党的历史上，毛泽东同志拒绝安排亲友进京工作，周恩来同志不让亲友获特权，刘少奇同志拒绝接受公款购买的生日蛋糕，这些老一辈无产阶级革命家以身作则给我们树立了榜样。年轻干部只有以浩然正气引航，人生之舟才能平稳前行。弘扬伟大建党精神，要求年轻干部要常怀忧党之心、为党之责、强党之志，不断提升党性修养，涵养浩然正气，永葆共产党人政治本色。

首先，用经典涵养正气。习近平总书记指出："共产党人要把读马克思主义经典、悟马克思主义原理当作一种生活习惯、当作一种精神追求，用经典涵养正气、淬炼思想、升华境界、指导实践。"[①] 年轻干部要认真学习马克思主义经典著作，从中汲取科学智慧和精神力量，筑牢坚守信仰的铜墙铁壁。通过学习马克思主义经典，从中感悟伟人一身正气、襟怀坦荡的品格，以实际行动展现共产党人的浩然正气。其次，做到清正廉洁涵养正气。一名年轻干部清正廉洁才能刚正不阿，自己行得正才能敢担当。如果自己不干净、贪污受贿，就无法要求别人，人民群众就不会跟你走。廉洁历来被视为从政者的本分，是为官从政最起码的要求。公生明、廉生威，廉洁自有正气来。新时代年轻干部要把廉洁从政作为十分重要的生命线，始终坚持廉洁自律的道德操守，做廉洁从政的"清白人"。

（四）增强狠抓落实本领，做新时代实干家

年轻干部勇于担当、善于作为，不仅需要勇气，更需要执政本领，尤其需要过硬的狠抓落实本领。艺高人胆大，有了硬本领才能真担当。年轻干部勇于担当、善于作为，必须勤于抓落实、善于抓落实。为政贵在行，以实则治，以文则不治。（清·唐甄《潜书·权实》）狠抓落实，就是狠抓党和国家各项方针政策、工作部署和措施要求的落实。具体来讲，就是落实到实践中去，落实到基层中去，落实到群众中去，以确保党和国家确定的目标任务顺利实现。新时代年轻干部在工作中增强狠抓落实本领，必须要树立正确的政绩观，不断增强大局意识，大力发扬钉钉子精神，做一名新时代实干家。

---

① 习近平. 论中国共产党历史[M]. 北京：中央文献出版社，2021：210.

1. 狠抓落实必须树立正确的政绩观

所谓政绩观，是指干部对政绩的总体看法和认识，包括干部的政绩为谁而树，树立什么样的政绩和怎样树立政绩等。政绩观往往决定着一名干部的工作思路、工作方式，对如何从政、如何施政具有非常重要的导向作用。年轻干部树立正确的政绩观，抓落实才能坚持正确的方向。中共中央组织部在2020年印发的《关于改进推动高质量发展的政绩考核的通知》强调，要把人民群众的获得感、幸福感、安全感作为评判领导干部推动高质量发展政绩的重要标准。"四有干部"的典范谷文昌把造福一方当作最好的政绩。"不带私心搞革命，一心一意为人民"，谷文昌将这两句话写在笔记本上，践行了一辈子。他在福建省东山县工作14年间，带领东山县人民与风灾、旱灾抗争，植树造林，兴修水利，改善交通，发展生产，把一个风沙肆虐的荒岛变成生机盎然的东海绿洲，为经济建设和社会发展奠定了坚实的基础，赢得了东山十万民心。

当前，个别年轻干部政绩观之所以扭曲，一个重要原因是"私"字作怪。为人民谋利益还是为个人谋私利，是衡量一名年轻干部政绩观正确与否的分水岭。新时代年轻干部干事创业，必须要树立以造福人民为最大政绩的政绩观，把人民利益放在第一位。首先，要有"功成不必在我"的精神境界。功成不必在我，并不是消极、怠政、不作为，而是要牢固树立正确政绩观。年轻干部要力戒急于求成的思想，坚决不搞劳民伤财的"形象工程""政绩工程"，要开阔视野、谋划长远，多做为后人作铺垫、打基础、利长远的好事。其次，要有"功成不必在我的精神境界、功成必定有我的历史担当"①。为官一任，造福一方。年轻干部在工作中要脚踏实地、埋头苦干、干在当下，真心诚意给老百姓排忧解难，多做让老百姓看得见、摸得着、得实惠的实事。

2. 狠抓落实必须增强大局意识

年轻干部在工作中狠抓落实，必须不断增强大局意识，自觉地把工作放到大局中去思考，做到正确认识大局、自觉服从大局、坚决维护大局。

---

① 中共中央党史和文献研究院编，习近平关于力戒形式主义官僚主义重要论述选编[M]. 北京：中央文献出版社，2020：113.

回首中国共产党的百年奋斗历程,讲大局、顾大局,从全局出发制定战略、运用策略,是我们党的优良传统和制胜之道。中央苏区时期,中央机关领导"每天节约二两米,使前方红军吃饱饭,打好胜仗",群众传唱"苏区干部好作风,自带干粮去办公;日着草鞋干革命,夜走山路访贫农"。"千人同心则得千人之力"(《淮南子·兵略训》),各个时期广大干部放眼全局、顾及长远的大局意识,是中国共产党凝聚力量、破解风险、取得成功的重要原因。

新时代年轻干部增强大局意识,首先要正确认识大局。这就要求年轻干部必须具有历史眼光和全球视野,在工作中全面地而不是片面地看问题。年轻干部要深刻认识我国社会主要矛盾变化带来的新特征、新要求,清醒地认识到当前我们面临的国内外复杂形势,既要看到国际国内面临的机遇,还要看到国际国内面临的挑战。形势越是复杂越要增强大局意识、越要保持清醒头脑、越要保持担当的自觉。其次,自觉把工作放到大局中去开展。年轻干部要立足社会主义初级阶段基本国情,立足中国特色社会主义新时代,正确把握当前与今后一段时期党和国家事业发展的中心任务,自觉地把党和人民事业放到历史长河和世界格局中来精心谋划,自觉地站在党和国家大局上想问题、作决策,把工作放到大局中去定位、摆布、落实,不要因本位主义、局部利益损害全局和整体利益。

3.狠抓落实必须发扬钉钉子精神

空谈误国,实干兴邦,这是中国共产党百年来治国理政的重要结论。关于如何狠抓落实,习近平总书记很深刻地指出:"我们要有钉钉子的精神,钉钉子往往不是一锤子就能钉好的,而是要一锤一锤接着敲,直到把钉子钉实钉牢,钉牢一颗再钉下一颗,不断钉下去,必然大有成效。"① 毛泽东同志曾要求共产党员一定要有"认真实干"的精神,强调"一件事不做则已,做则必做到底,做到最后胜利"②。如何认真实干?杨善洲同志以实际行动给我们做出了很好的回答,他凭的是"务实"。杨善洲扎根施甸县大亮山兴办林场,一干便是20个春秋,带领大家植树造林,把昔日的荒山秃岭变

---

① 习近平.习近平谈治国理政(第一卷)[M].北京:外文出版社,2018:400.
② 中共中央文献研究室编.建国以来毛泽东文稿(第四册)[M].北京:中央文献出版社,1987:330.

成了生机勃勃的绿色天地。在他身上很好地诠释了钉钉子精神的深刻内涵。干事业就要有钉钉子精神,抓铁有痕、踏石留印,稳扎稳打向前走,过了一山再登一峰,跨过一沟再越一壑,不断通过化解难题开创工作新局面。

新时代年轻干部必须要大力发扬钉钉子精神,让党的各项任务真正落到实处。首先,要找准钉钉子的方向。如果方向错误,再多的努力也是徒劳。找准方向需要进行调查研究,深入基层一线进行深入调研。年轻干部要善于抓住主要矛盾和矛盾的主要方面,把关系到稳增长、促改革、调结构、惠民生、防风险、保稳定的重大任务、亟须解决的难题梳理清楚,在有效应对重大挑战、抵御重大风险、克服重大阻力、解决重大矛盾中冲锋在前、建功立业。其次,要做到持之以恒。方向找准后,需要的是持之以恒为之努力,坚持一张蓝图绘到底,一任接着一任干,真正做到对历史和人民负责。在工作中,年轻干部要有"咬定青山不放松"(清·郑燮《竹石》)的韧劲、不达目的不罢休的狠劲,以钉钉子精神抓工作落实,把各项工作落到实处、抓出实效。

第四章 提升治理能力的内生动力

第四章 提升治理能力的内生动力

第一节 完善干部考核评价机制，激发高质量发展活力

"以德为先"是领导干部选拔任用的重要原则，如何衡量领导干部的道德操守，完善干部道德考核的社会监督机制至关重要。健全的社会监督机制能提高干部道德考核的公信度，同时避免干部道德考核虚置化，进而推动干部道德考核制度化建设。当前，干部道德考核面临困境，考核评价主体缺乏独立性、评价主体单一化、社会公众参与评价比例不高等问题直接导致干部道德考核的结果不全面、不客观、不真实。畅通干部道德考核的社会监督机制尤为重要，干部道德考核评价应接受群众的监督、接受新闻媒体监督、接受互联网的监督，增加干部道德考核结果的公信力。

（一）干部道德考核社会监督的重要性

随着干部队伍情况的变化，以及干部工作新形势和新任务的要求，对于领导干部选拔任用的要求与标准也在不断改变。2014年的《党政领导干部选拔任用工作条例》在干部选拔原则上新增加了"以德为先"的原则，干部选拔任用也越来越重视德的考核，而如何科学、正确、有效地对领导干部的道德进行考核，是值得探讨的。其中，社会监督是领导干部道德考核的重要保障，有了社会监督，领导干部行使权力、进行决策以及日常工作都能在群众的有效监督下运行。社会监督有着重要的作用，它能够发挥相对客观、全面的考核作用，提高干部道德考核的公信度，同时使干部明确手中权力的来源，敬畏权利，避免干部道德考核的虚置化，进而拓宽公众参与和表达渠道，推进干部道德考核的制度化建设。

第一，提高干部道德考核的公信度。随着道德建设对领导干部选拔的

"做"而论道——提升基层治理能力的实践探析

重要性不断增加,尽管很多地区对于领导干部道德的考核进行了很多探索,然而很多考核官员道德的方法和结果并没有得到人民群众的认可,并没有让群众信服,导致干部道德考核的公信度缺失。实际上,对人的道德品行考核,是很难用单一的数据来考量的,而对官员道德的考核,无论从考核标准还是考核方法上都难以用数字去衡量。"但无论西方还是香港,在公务员德的正向考量上,似乎也没有太多好的办法,倒是广泛的社会监督和无所不在的舆论监督,发挥了至关重要的反向考量作用。"[①]因此,当干部道德考核的正向考量难以考核干部道德品行时,广泛的公众监督就尤为重要,广泛的公众监督能有效地反映公众对干部的满意程度,更能对公权力进行有效的制约,提高干部考核的公信度。

第二,避免干部道德考核虚置化。对于干部道德考核,只有让社会公众充分参与监督,共同监督干部道德考核,党员干部的一言一行,党员干部的工作情况才能在阳光下运行,进而确保干部道德考核的真实性,有效避免干部道德考核的虚置化。社会公众将权力赋予领导干部,领导干部是否称职,道德品行是否过关,社会公众的感触最深,也最有发言权。"中国青年报社会调查中心的一项调查显示,79.6%受访者认为提升官德关键靠公众监督。"[②]官德是否缺失、党员干部的道德水准如何,社会公众最有体会,社会公众对于领导干部是否为民执政、是否符合官德要求,社会公众内心有衡量的标准与评判的标尺。强有力的社会监督会使官员在行使权力、进行决策以及日常工作的过程中敬畏手中的权力,使其不敢任意妄为,领导干部的道德水准将会不断提高,对于领导干部道德的考核也会有实际操作性和有效的约束力,而不会虚置化。

第三,推进干部道德考核制度化建设。《中华人民共和国宪法》规定:"中华人民共和国的一切权力属于人民。"人民群众的授权使得公共权力有其合法性,合法性的来源是社会公众的授权,因此,公共权力应该用于社会公共事务的管理,并将社会发展的结果惠及社会公众。社会公众有权对其授予的权力进行有效监督,社会也应该为公众监督提供有效的平台与机制。《建立健全教育、制度、监督并重的惩治和预防腐败体系实施纲要》

[①] 洪浩. 官"德"究竟该怎么考. [J]. 人民论坛, 2011(25): 9.
[②] 严辉文. 提升官德, 民考宜重于官训 [N]. 中国青年报, 2011-11-15.

提出加强对权力的监督,保障其正确的运行。人民群众授予党员干部的权力,就应该受到社会公众的监督。党员干部道德考核更应主动接受人民群众的监督,使社会公众更好地参与党员干部道德考核,拓宽公众参与和表达渠道,使公众参与和表达逐渐成为制约公共权力的有效途径。与此同时,逐渐形成强有力的公众监督机制,在实践中将这一机制逐渐完善,从而推进干部道德考核的制度化建设。

(二)干部道德考核面临的困境

与干部考核中"才"的考核相比,"德"的考核相对困难,在我国,领导干部道德考核工作已经逐渐展开,然而,由于干部道德评价主体难以发挥科学、准确、全面考核干部道德的需要,干部道德考核依然面临困境,在很多方面不够完善。评价主体缺乏独立性导致监督机构很难发挥作用,监督主体难以发挥其权威性;评价主体单一化不能满足新时期干部道德考核的需要,导致考核结果不够全面、准确;社会公众参与评价比例不高,公众缺乏参与权与知情权,使干部道德考核受到制约,影响整个干部考核的结果。

第一,评价主体缺乏独立性。在干部道德考核评价过程中,一个至关重要的问题就是要清楚"解决的是'由谁评价'的问题"①。在领导干部道德考核评价的实践中较为困难的问题就是"由谁评价"的问题,在评价过程中往往缺少来自外部的、相对独立的评价主体,导致在领导干部道德考核评价中,领导干部本身有两种身份,也就是集"运动员"和"裁判员"的角色于一身,自己对自己进行考核评价,因此对于道德考核的评价很难做到客观公正。在道德考核过程中的评价主体与被考核评价者之间缺乏应有的独立性的情况下,对领导干部的道德考核很难行使有力的监督和制约,而关于对领导干部道德考核的结果也失去了其有效性和真实性。监督是一种权力对另一种权力的制约,然而,如果行使监督权的一方所用的经费,以及其人事调动等其他决定权来自被监督者,监督者对被监督者的制约,无论在制约力度方面,还是制约的真实性方面都值得质疑。在这种关系的制约下,监察机构的作用很难发挥,形同虚设,监督主体很难发挥其权威性,

---

① 庄国波. 领导干部政绩评价的理论与实践 [M]. 北京:中国经济出版社,2007:195.

而对于被监督者很难尽到其应有的监督作用。

第二,评价主体单一化。在干部考核的过程中,由于组织部门具有管理干部的职能,因此在长期以来的干部考核过程中,组织部门"独家经营"干部考核。而关于干部道德考核标准,不同的历史时期应该有不同的考核标准和考核元素:在革命战争时期,考核干部的道德标准主要是政治层面的因素;而随着中国社会的不断发展,对干部道德考核的标准也由原来的政治层面因素逐渐发展成多元的考核标准,比如领导干部的职业道德、社会公德、家庭美德等,都是领导干部道德考核中必不可少的考核标准。组织部门对干部道德考核的政治因素与职业道德标准能够进行考核,而对于其他考核标准却需要更为广泛的、更为多元的评价主体进行客观全面的评价。新时期对干部道德考核的标准应该是全面的、多层次的,不仅考核干部在工作中的道德操守,还要考核在工作八小时之外的道德操守,单靠组织部门去进行全面又准确的考核,就较为困难,往往导致考核结果不够全面、准确。

第三,社会公众参与评价比例不高。《关于建立促进科学发展的党政领导班子和领导干部考核评价机制的意见》要求在干部考核评价中,应加大群众满意度的分量。关于群众路线的领导方法,毛泽东同志曾经指出:"在我党的一切实际工作中,凡属正确的领导,必须是从群众中来,到群众中去。"① 然而在道德考核的实际工作中,社会公众在领导干部道德考核中缺乏参与权、决定权,甚至是知情权,而上级领导的评价与意见很多时候占据主流,这就导致了领导干部道德考核缺失全面性和客观性。领导喜欢的干部易提拔,而真心实意为群众办实事儿的干部、得到群众认可的干部却难以提拔,直接导致了干部的工作导向出现错误,只为得到领导表扬而忽略群众工作。在实际工作中也经常会有干部选拔任用的错位问题,上级领导任命的干部群众不认可,而群众认可的干部上级领导不赞成。因此,社会公众参与度不高,使干部道德考核缺少公众的参与而受到制约,难以真实、客观地考核干部道德操守,直接影响整个干部道德考核的结果。

---

① 毛泽东选集(第三卷)[M]. 北京:人民出版社,1991:899.

（三）畅通干部道德考核公众监督渠道

社会公众的参与能使干部道德考核更加客观、公正、全面，同时也使干部考核结果更具有束缚力和公信力，对干部道德考核起着至关重要的作用。针对干部道德考核中面临的困境，应畅通公众监督渠道，接受群众的监督，政府机关推进政务公开的同时完善干部道德考核相关法律建设；应接受新闻媒体监督，使社会公众更好地履行其知情权和监督权；应接受互联网监督，完善党对互联网的领导，同时健全网络监督的相关立法，使干部道德评价更具公信力。

第一，干部道德考核评价应接受群众的监督。群众监督是干部道德考核的重要举措，更是推动干部道德考核发展的重要力量。早在1945年毛泽东同志就强调："我们已经找到一条新路，……这条新路，就是民主。只有让人民来监督政府，政府才不敢松懈。只有人人起来负责，才不会人亡政息。"[①]不能回避不同的意见，正视不同的意见是执政党不断完善的关键。正如陈云所说："能够听到不同声音，决不是坏事。"[②]官德考核评价的科学性和准确性需要自觉接受人民群众的监督，群众监督的重要作用是对权力的运行进行整体、长期和有效的监督。首先，政府机关应该进行政务公开，主动让群众参与对权力的监督，如果群众对政府机关的工作情况以及工作状态不了解，群众监督只能流于形式。政府机关尤其要在群众关心的事件上做到及时、准确的政务公开，让群众更好地行使知情权和监督权。其次，在监督工作中加强民意调查所占比重，使群众对政府部门的工作进行客观的反映，保障群众在干部道德考核中的监督权。最后，完善干部道德考核群众监督的法律制度，在干部道德考核实践中，应给予群众监督应有的法律保障，保障其相关权利。尊重群众的评议和意见，并将其作为干部考核的重要标准。

第二，干部道德考核应接受新闻媒体监督。信息技术的向前发展为新闻媒体监督提供了重要的平台，而新闻媒体监督在社会监督中的作用也逐

---

① 中共中央文献研究室编. 毛泽东思想年编（1921—1975）[M]. 北京：中央文献出版社，2011：439.

② 陈云. 陈云文选（第三卷）[M]. 北京：人民出版社，1995.

渐凸显，成为全方位监督机制的重要组成部分。新闻媒体监督的传播速度较快，通过新闻媒体监督能够快速、有效地掌握领导干部最新信息与工作动态，对干部道德建设起到了非常重要的推动作用。与此同时，新闻监督能够起到其特殊的作用，例如对群众关心的热点事件能够及时进行追踪报道，让群众及时掌握事件发展的情况，让事件受到重视，并且在公众的监督中运行。要高度重视新闻舆论监督，对新闻媒体反映的问题要认真调查、核实，并依法及时作出处理。新闻媒体监督逐渐受到重视，并且其监督力度也在逐渐增加，通过新闻媒体监督，社会公众能够更好地履行其社会舆论的知情权。新闻媒体监督应该在实践中不断完善、不断丰富，不断提高批评与监督功能，使新闻媒体监督在社会监督中更好地发挥作用。

第三，干部道德考核应接受互联网监督。互联网的快速发展使网络监督成为干部道德考核监督的重要组成部分，在干部道德考核实践中发挥了重要作用。随着经济社会的不断发展，互联网在人民的生活中占据着重要的地位，领导干部也越来越重视互联网的重要作用，逐渐注重社会公众在互联网上的意见与反馈信息，并与群众进行互动，网络监督在干部道德考核评价过程中发挥了至关重要的作用。然而，由于互联网具有传播速度快、范围广的特点，使互联网监督过程中存在着困境，传播信息的随意性导致了大量虚假信息的存在，影响了网络媒体的公信力及监督力度。因此，互联网监督应不断调整、完善。一是完善党对互联网监督的领导，应在监督过程中坚持党的各项方针政策，进行公正、客观、透明的报道，实事求是地反映群众关心的重要事件。二是完善网络监督的相关立法，进一步规范网络监督，使互联网监督以法律为保障。网络监督工作应不断改进，完善和创新工作方式，完善相关法律与制度建设，使网络监督在干部道德考核中更加充分地发挥其重要作用。

干部道德考核评价是一个历史性的老课题，随着世情、国情、党情的不断变化，随着经济社会的不断发展，干部道德考核评价又是一个亟待解决的新课题，正如党的十八大报告所要求的，选拔任用干部既要看才，要看德，把干部的德放在首要位置。习近平总书记提出的"四个全面"战略布局，更加明确了全面建成小康社会需要德才兼备的干部队伍，而全面从严治党，更对干部队伍德的建设提出了紧迫的任务要求。在深化改革新的时期，在

第四章　提升治理能力的内生动力

党的十八大以来新的历史起点上,在干部道德考核评价过程中,亟须解答的问题,就是"由谁来评价"的问题。干部道德考核的主体应逐渐多元化,畅通社会公众的监督渠道,使干部道德考核接受群众的监督、新闻媒体的监督、互联网的监督,将干部道德考核运行在公众的监督下。

第二节　引导干部树立正确的政绩观

健全完善干部考核评价机制,精准设置考核内容,客观了解干部,是激励干部队伍担当作为的重中之重。通过明确考什么、怎么考、如何用,充分发挥考核指挥棒作用,激励广大干部在推进高质量发展中敢担当、善作为,交上满意的答卷,为高质量发展提供重要的组织保障。中国进入发展的"新常态",干部工作的思路与方向也随之做出调整。

一是引导干部树立正确的政绩观。2012年党的十八大提出"完善干部考核评价机制,促进领导干部树立正确的政绩观"[1],2014年修订的《党政领导干部选拔任用工作条例(2014)》与2002年的《条例》相比,已经突出强调"树立正确政绩观,做出经得起实践、人民、历史检验的实绩"[2],引导干部树立"功成不必在我"的政绩观。二是明确好干部标准,强调选人用人突出政治标准。习近平总书记在2013年全国组织工作会议上强调:"信念坚定、为民服务、勤政务实、敢于担当、清正廉洁"[3]的好干部"五条标准",为新时代的干部队伍建设明确了方向。同时,注重干部选拔任用的政治标准,党的十九大明确提出选人用人"突出政治标准"。2019年3月最新修订的《党政领导干部选拔任用工作条例》第二十四条明确规定:违反政治纪律和政治规矩的,不得列为考察对象。三是突出干部的担当作为。针对干部队伍庸政懒政、不作为问题,这一时期干部队伍建设注重激励干部的担当作为,并进一步探索以科学的机制激励干部担当作为。习近

---

[1] 中国共产党第十八次全国代表大会文件汇编. [M]. 北京:人民出版社,2012:48.
[2] 党政领导干部选拔任用工作条例[M]. 北京:人民出版社,2014:4.
[3] 习近平. 习近平谈治国理政[M]. 北京:外文出版社,2014:412.

"做"而论道——提升基层治理能力的实践探析

平总书记在党的十九大报告中指出:"旗帜鲜明为那些敢于担当、踏实做事、不谋私利的干部撑腰鼓劲。"①2018年5月颁布的《关于进一步激励广大干部新时代新担当新作为的意见》强调以科学的机制激励干部的担当作为,为新时代干部的担当作为保驾护航。四是干部队伍建设的方向更加时代化。以习近平同志为核心的党中央根据国际国内环境的变化,注重干部执政本领的提升,要求干部队伍提升专业能力以适应新时代中国特色社会主义事业的发展需要,强调选人用人拓宽视野,注重年轻干部的培养。五是干部队伍的管理更加规范化。党的十八大以来,中国共产党对干部队伍的管理更加规范化、系统化,不断修订相关党内法规,为党的干部管理工作提供了根本遵循。

(一)以科学考核激励担当作为,精准设置考核指标

第一,注重导向引导。平时考核的目的,既可以针对大方向,也可以针对小细节。例如,深入了解干部的民主作风情况,可以通过列席工作协调会、支部民主生活会等方法;验证干部的工作实绩,可以通过抽查暗访,确认工作业绩的真实性;看干部是否敢于担当,可以在具体的工作任务中进行观察,全方位、多角度、客观地了解干部。对干部队伍的考核更多的应该聚焦实干实效的导向,把干部干了多少事,干的事群众是否认可,作为考核的重要依据,在考核指标设置中,应注重以人民为中心的发展思想贯穿考核始终。对干部队伍的考核,应凸显高质量发展的重要指标,强化对新发展理念统筹经济发展、民生福祉、平安建设、防范风险、脱贫攻坚、生态环保等重点任务的考核指标设置,以精准考核与精心设置,客观了解评价干部,引导广大干部树立高质量发展、为民办实事的正确政绩观,树立正确的用人导向。

第二,完善分类分专业考核。应在考核工作实践中完善分类分专业考核,按照主体功能定位以及各个发展目标的方向,对各级干部进行分类、分专业考核。在考核的过程中,应结合不同区域的资源禀赋、不同的地域特点以及经济基础与发展目标任务等,设置有侧重、差别化的考核指标,形成

---

① 习近平. 决胜全面建成小康社会 夺取新时代中国特色社会主义伟大胜利——在中国共产党第十九次全国代表大会上的报告(2017年10月18日)[M]. 北京:人民出版社,2017:64.

科学有效的考核评价体系,做到全方位、客观有效地对干部队伍进行考核。应根据干部的不同层级与特点,将类别进行细化,确保不同层级的干部、不同专业的干部各有各的考核指标。防止考核工作"一刀切"、上下一般粗、左右一个样,以正确的导向、科学的指标引导干部担当作为,推进高质量发展。

第三,注重定量考核与定性考核结合。根据干部各个方面的日常表现,科学地设置干部考核的定性定量指标,将个人发展指标与部门工作指标相结合。应依据各类考核测评的结果,增强结果的运用分析,分析领导班子和干部队伍的履职情况,在分析中以问题意识为引领,不断发现问题,破解问题。在考核中,应侧重于对班子整体的考核,一旦在考核测评中发现班子成员性格不合、协同意识不强等问题,应依据所发现的问题应及时进行调整、完善,在考核与评价中不断提升班子的领导能力,推进领导班子团结协作。班子的主要负责人,应起到把握方向与凝心聚力的作用,班子的其他领导干部应尽职尽责做好本职工作,彼此协同合作,齐心协力。在注重定量考核与定性考核相结合的同时,应进一步细化综合考核工作加扣分办法,引导广大干部聚焦重点难点工作,以科学的机制激励各级干部的担当作为,以细化的考核激励干部在工作中攻坚克难、探索创新。

(二)以科学考核激励担当作为,注重优化考核内容

以科学的考核激励担当作为,尤为重要的是优化考核内容。需要建立日常考核、近距离考核的知事识人体系,在日常考核与近距离接触干部的过程中客观了解、评价干部。在具体考核工作中,将区分优劣、奖优罚劣、激励担当、促进发展作为考核工作的目标思路,结合各行业、各领域的发展趋势和领导干部的工作实际,有针对性地科学制定相应的考核内容和测评体系,注重在"选、育、管、用"各个环节培养人、锻炼人,完善干部考核工作机制,在实践中不断优化考核内容。

加强平时考核。优化考核内容,关键在于精简考核项目,优化考核程序,注重对干部的平时考核、日常了解,客观考核评价干部。在强化平时考核的过程中,应注重把实地调研与考核相结合,定期开展专题调研,采取调研走访、到现场察看工作情况、与干部进行个别访谈等方式,全面了

解干部在工作一线的真实表现，充分了解干部在实际工作中的实效。应科学设置考核内容，对各级领导干部进行客观公正的考核评价，以干事创业、工作实效公平公正地衡量干部的担当作为。应以科学有效的平日考核避免年底考核的印象打分，鼓励干部把担当作为、干事创业、作为工作的方向。

创新考核方式。针对考核中出现的问题：开放度不高、群众参与度较低等问题，应在考核实践中依据地方实际不断创新考核方式。针对群众参与度不高的问题，可以引入第三方评价等社会评价机制，把干部平日里的工作表现、实际效能、服务质量交给服务对象进行评价；把领导班子的领导成效、工作目标完成情况交给干部群众进行评价。创新考核方式能够推动考核评价更加客观公正、更具真实性与说服力。

确保考核真实可信。科学的考核机制应确保对干部队伍的考核真实可信，在考核实践中强化"二次甄别"，对考核成绩突出的单位，应把重点放在分析其主要得分的关键点；对考核成绩不太理想的单位，应把重点放在核对"三个是否一致"：即考核中反映的问题与事实是否一致、民主测评得分与实际表现是否一致、本人提出的看法与实际情况是否一致。以规范的程序与科学的内容设置确保考核的真实可信，让领导干部对考核充满信心，避免出现干部考核过程中的考核失真、误判失实。确保公正公平地评价干部的工作实际，客观地了解干部在工作中的工作情况，推动考核结果真实可信。

（三）以科学考核激励担当作为，强化考核结果的运用

第一，将考核结果与选拔任用相结合。对于干部的考核评价结果应该进行综合研判，对考核数据进行科学分析。对于考核结果优秀的干部，应该及时纳入后备干部队伍；经过对考核结果的分析，发现有潜力的优秀干部，可以分批次选调参加各类培训调训、援派挂职，全方位培养锻炼干部。可以出台年度考核优秀干部应享受待遇的相关规定，对年度考核优秀的干部，优先提拔重用或晋升职级、参加名校培训等相关待遇。尤其应注重在疫情防控、防汛救灾、脱贫攻坚等专项考核中提拔重用敢于担当、实绩突出的优秀干部，激励广大干部的担当作为。以考核的"指挥棒"树立正确的用人导向，有效激励领导干部敢于担当、实干创业。

第二，将考核结果与监管相结合。针对考核中发现的问题，或测评结果较差的干部，应区分不同情形，予以谈话提醒等组织处理；针对考核结果分析，确定不适宜担任现职的，应依据相关规定进行调整；针对考核中出现违纪违法问题线索的，应移送纪检监察、司法机关处理。将考核结果与监督管理相结合，使考核结果能够激励敢于担当作为的干部，惩治庸政懒政的干部，对不能胜任的干部及时进行岗位调整，使能上能下成为常态。针对考核结果中出现知识空白、经验盲区、能力不足的干部，应该有相应的培训机制，依据治理能力现代化的需要，及时进行能力培训与实战历练。

第三，将考核结果与激励相结合。对干部队伍的考核测评具有重要的指挥棒的作用，应强化考核结果的运用，真正依据考核结果实现能者上、庸者下，有为者有位。应根据本地区的具体情况，完善鼓励干部担当作为的激励机制，依据干部队伍的考核结果，不断完善鼓励干部人才创新、创优的分配激励制度，与此同时，不断加强相关政策研究。人才是高质量发展的关键因素，应依据考核结果完善相关制度保障，通过相关激励保障机制，进一步激发干部人才担当作为、干事创业的活力，使干部队伍的考核测评发挥正向激励作用；引导干部勇于担当、创新创业，使干部人才队伍焕发出更大活力，为实现高质量发展提供重要的人才保障。

第三节　以制度细化为担当作为保驾护航

（一）当前阻碍担当作为的重要因素

1. 没能及时更新观念认知，担当作为心存杂念

新时代发展理念的转变要求党的干部随之在思想认识上和工作方法上做出调试，然而现实中部分干部没能及时更新观念认知，还停留在旧有的理念认识中，思想观念指导工作时间，旧的思想观念随之产生的是老化的工作方式，导致担当作为心存杂念。

第一，缺少对政绩观的更新认识。党的十八大之前，决定干部晋升与

晋升速度的主要评价指标是 GDP 和招商引资等经济指标。党的十八大以来，随着发展进入新常态，新的发展理念随之提出，在这一时代大背景下，经济、社会、上级政策落实执行情况都成为评价干部的重要指标，经济发展有其可量化的数据指标，而社会发展和对上级政策落实执行情况用数据可量化的程度较弱，因此一些干部出现了消极应对的工作心理，出现了多干多错、少干少错的消极认识，回避问题，消极面对，担心在工作中出错影响晋升而不去积极面对问题，担当作为难以实现。

第二，缺少对基层工作和基层干部的深入了解与正确认识。随着中国社会主要矛盾的变化，给基层工作也提出了新的挑战，基层干部的工作思路与方法也随之做出调试，转变思路给基层工作增添难度，转变方法对基层干部提出挑战。在这深化改革、攻坚克难的关键时期，由于缺少对基层工作和基层干部的深入了解，导致基层工作负担较重，一些基层干部忙于开会，忙于"留痕"、报表，工作量增加，疲于应付，而没有精力与时间去完成基层工作需要的调研走访，走进群众了解诉求，真抓实干推动发展等，干部的创业积极性受损。

2. 没能及时跟进制度细化，担当作为缺少保障

目前，干部队伍建设在现实工作中存在一些困境，干部工作相关制度的具体细则需要在深化改革的实践中进一步探索和细化。第一，干部的选任方式、"能上能下"相关制度规则不够细致，需要进一步细化，让真正有能力、有担当的干部脱颖而出。第二，考核评价制度需要根据实际工作而进一步跟进、调整。考核指标评分机制缺少细化，考核结果的运用也需要制度强化。第三，容错机制的容错情节尚未统一，认定标准需要清晰界定、准确认定。效力层级低，适用范围不广，缺少容错案例的推广；相对应的纠错机制、申诉机制等配套制度还没有形成。第四，按需培训存在缺口，有些地区没有培训需求调研，有些地区有培训需求调研，但没有按照需求设置干部真正需求的课程，能力培训有些时候没有实现干部的能力提升。

（二）以观念的转变为担当清楚杂念，厘清促进担当作为的三个认识

1. 引导干部树立正确的政绩观

思想观念是行动的先导，树立正确的政绩观是党的干部担当作为的重

要前提，有了正确的政绩观作为指引，广大干部的担当作为就有了方向和根本遵循。习近平总书记强调："干部干事创业要树立正确政绩观，有功成不必在我的精神境界、功成必定有我的历史担当，……"①新时代应树立实干为民的政绩观，而不是有名无实、有量无质、有痕迹无恒心的虚假作为。第一，正确的政绩观要求党的干部干事创业着眼于长远和未来。在中国深化改革的攻坚克难期，党的干部应对改革有正确的认识，脚踏实地，放眼未来，不急于一时的得失，不强求过快的见效，实实在在地利国利民，立足长远。第二，正确的政绩观要求党的干部坚持实事求是的思想路线。树立了正确的政绩观，党的干部会客观地看待成绩，也会正确地对待问题，而不是像过去那样回避问题、现任不管前任事儿。正确的政绩观将激励党的干部在工作中主动发现问题、合理分析问题、善于解决问题，察实情、讲真话，积极担当作为。第三，正确的政绩观要求党的干部在工作中心怀群众。中国共产党人的初心和使命就是为中国人民谋幸福、为中华民族谋复兴，初心和使命是我们不断前行的最大动力。随着中国社会主要矛盾的变化，党的干部担当作为的根本目的是如何破解不平衡、不充分，进而朝向人民对美好生活的向往，这是我们应该长期坚持的政绩观。新时代，树立正确的政绩观，应把对上负责与对下负责统一起来，在工作中践行全心全意为人民服务的根本宗旨，用新的发展理念去衡量干部工作的成绩，以人民对美好生活的向往为标尺去评价干部的担当作为。

2. 为基层减负促进干部担当作为

2019年3月11日，中共中央办公厅印发了《关于解决形式主义突出问题为基层减负的通知》（以下简称《通知》），明确提出力戒形式主义、切实为基层干部减负，并且把2019年作为"基层减负年"。基层工作紧密联系群众，基层干部的工作精力更多地应投入到走访调研、宣传解读惠民政策、为人民群众排忧解难以及推动基层发展上，然而现实中一些基层干部"白加黑"的奋战却用在了会议、报表以及各种杂事上。这些基层干部大部分时间禁锢在"文山会海"之中，而少有时间去实践"从群众中来、到群众中去"的工作原则，这些基层干部超负荷前行。如果这种状态持续

---

① 习近平. 习近平谈治国理政（第三卷）[M]. 北京：外文出版社，2020：521.

"做"而论道——提升基层治理能力的实践探析

下去,不仅影响基层干部担当作为的劲头,也影响了全心全意为人民服务宗旨意识的践行,损害了广大人民群众的切身利益。应在工作中深化对《通知》的认识,将通知的要求践行于实践之中:一是进一步推动治理体系和治理能力现代化,依靠技术信息手段实现信息共享,为基层干部减少程序、节省时间;二是基层工作应少一些会场,多一些现场,让基层干部有更多的时间接触群众,走近群众,了解群众的真实诉求,让基层干部有担当作为的时间、精力与方向。

3. 信任基层与精准监督释放广大干部担当的能量

关注基层、尊重基层,给予基层充分信任与精准监督,能够更好地释放党的干部担当作为的能量。基层干部直接面对人民群众,了解群众的所思所想,更容易搜集民意,更懂得人民的利益诉求,将目光放到基层,关注基层,给基层充分的信任与精准的监督能够更好地促进新时代干部的担当作为。然而实际工作中存在着对基层的政策制定、工作安排不接地气的现象,让基层在落实中找不到切入点,阻碍干部的担当作为。反观一些基层有活力、干部有创业激情的地区或单位,都赋予了基层充分的信任,让基层干部根据地区实际情况谋划发展。习近平总书记多次强调要倾听基层干部心声,对广大基层干部充分理解、充分信任、格外关心、格外爱护。首先,充分的信任能够凝聚和激发基层的奋斗力量。在中国社会深化改革的过程中,需要基层干部的创新与实干,在"滚石上山"的关键时期,应该凝聚人心,激发基层的创造力,信任基层,让基层干部干事创业没有后顾之忧,带领人民群众推动我们向前发展。应在心理上、情感上、体制机制上给予基层干部理解、信任与支持,释放出基层担当作为的强大能量和创造力。其次,构建上下级信任关系。充分信任基层的前提是基层值得信任,这就要求广大基层干部增强履职能力,根据新时代的要求提升专业能力,真正做到新时代要求的高素质和专业化。在从严治党的新时代,更要求基层干部严格遵守党纪党规,严格要求自己,真正做到习近平总书记将强调的明大德、守公德、严私德,构建上下级信任关系,激发广大干部的担当作为。最后,信任不能代替监督,用精准监督确保其依法行政。权力不能离开有效的监督,精准有效的监督能够让权力更好地运行,在推动基层发挥主动性创造性的过程中,更应凸显严管和厚爱相结合,对基层的精准监督确保其依法依规行政。对基层的监督应以成效为导向,弱化过程管制,增强干部处事的灵活性,满足人民群众的利益诉求和地区发展的需要。精准监督要求关注关键环节、关键岗位、加强审计监督,达到防患未然与保护干部的目的。

(三)以制度的细化为担当保驾护航,实现由"要我担当"到"我要担当"的质变

1.细化能上能下机制

第一是选人机制的细化。选好人是干部队伍建设的开端,用好人是干部队伍建设的根本。在干部的使用上,首先,我们可以建立干部行为信用评价系统,记录干部在不同地区、不同部门工作期间的业绩、年度测评、群众来信来访、政治学习等情况,对接央行信用、交通违章违法等系统,综合全面客观地评价干部的德和绩,对于分值低于平均标准以下的一票否决。其次,建立常规任用和灵活任用相结合的机制。对于有能力、有担当的年轻干部和忠诚干净担当的高素质干部,在任用和提拔上可以不受常规限制。再次,根据考核结果,建立干部岗位动态调整机制,形成干部能上也能下的局面。对于考核不合格、群众反映意见大的干部,领导和组织要进行单独或者集中约谈。最后,在晋升对象上,向有在基层一线和困难艰苦的地方培养锻炼过的优秀年轻干部倾斜。

第二是留人机制的细化。选拔和培养出有担当和有作为的好干部不容易,这与我们建立的留人机制有很大关系。首先,在法律法规允许的范围内建设一些面向干部的保障性住房,将使用权提供给那些有一定业绩、但收入有限的干部,解决他们在经济上的后顾之忧。其次,在非领导职数上向乡镇一级倾斜,尽快出台面向乡镇基层干部的工作补贴实施细则。对在基层挂职和锻炼的干部,在其子女入学、配偶就业等问题上出台具体帮扶措施。

第三是加大面向基层干部遴选省、市机关工作人员的力度,打破基层干部任职的天花板,给有担当有作为的干部提供充足的空间和平台。

第四是设立优秀干部奖,每年评选一次,召开表彰大会,由本级党政领导亲自颁奖,提高干部的荣誉感和满足感。

2.细化考核评价机制

目标责任考核是检验工作成效、推动责任落实的重要方式,对干部起

着导向作用、鞭策作用和激励作用。面对日益繁重的工作任务，我们要通过科学考核，有效调动干部的积极性，以更大热情投入社会主义现代化建设。要深化平时考核。各单位要进一步完善干部平时考核办法，切实划分出"好、中、差"等级，充分激励干部干事创业的热情，真正解决干与不干一个样、干多干少一个样、干好干坏一个样的问题。要深入一线考核。在项目建设、招商引资、脱贫攻坚、环境治理工作一线实地考察干部，以结果论英雄，凭实绩用干部，真正使能者用、好者上、庸者下，让老实人不吃亏、吃苦的人吃香、有为的人有位、实干者更有前途。要科学运用考核结果。进一步优化激励约束机制，严格兑现奖惩措施，对于完成重点任务目标的，要大张旗鼓、真金白银地奖；对完不成目标的，该一票否决的一票否决，该诫勉谈话的诫勉谈话，该调整岗位的调整岗位，要使政治坚定、奋发有为的干部得到褒奖和鼓励，使慢作为、不作为、乱作为的干部受到警醒和惩戒。

3. 细化容错纠错机制

容错纠错机制应在实践中清晰容错纠错的界限，进一步明确红线和底线，探索适合地方需要的制度和机制，根据地区发展情况明确可以容错免责的范围，让制度的执行在实践中更加清晰。容错免责程序要公开透明。一是在实践中充分听取干部的意见，征求人民群众的意见，不断地清晰容错免责的条件和界限，在实践中不断完善，细化。二是容错的审理过程要公开，接受来自干部、群众、部门各方面的信息，查明真相，得出结论。容错纠错制度的运行应当审慎而严谨。三是容错纠错的典型案例应该进行推广，进行宣传，让广大干部看到容错纠错机制的有效运用，并且有过容错经历的干部提升与工作都没有受到影响，有利于鼓励广大干部积极担当，无后顾之忧地干事创业。很多干部是想干事、能担当，并敢于创新的，但是在创新实践中，创新成效的显现需要一定的时间，而且可能还会与现有的体制和机制产生不协调、冲突甚至相悖的问题，导致地方干部的很多创新实践在萌芽阶段就戛然而止，只有少数获得中央或省级领导关注和批示的创新才能得以延续。对此，我们要鼓励地方干部在不违背法律和党内法规的框架内去创、去试，对于一些已经开始实践的创新要保护、对于一些已经初显成效的创新涉及的体制和机制障碍要予以及时的破除和改进。要敢于为想干事、能干事、能干成事的干部撑腰，从而为干部的创新行为赢得空间，为干部的创新动机得以长久保存营造良好氛围。

4.细化干部培训机制

对干部进行的培训应根据新时代的要求，尤其根据干部的需求来设置课程，真正做到按需培训。中国特色社会主义进入新时代，干部的很多专业知识需要及时更新，不断深化，干部培训是补齐干部专业知识需求的重要方法，通过专业知识的培训，能够很好地增加干部在工作时间中担当的底气，推动担当作为。干部培训应进行培训前的需求调研，认真做好干部专业培训需求的统计，根据干部的真实需求，来安排课程。党的十九大依据新时代需求提出增强"八大执政本领"（即学习本领、政治领导本领、改革创新本领、科学发展本领、依法执政本领、群众工作本领、狠抓落实本领、驾驭风险本领），这就要求干部队伍建设依据新要求细化干部队伍的培养制度，与时代的新要求相对接，制定长期有效的培养机制；根据高质量发展的要求，完善长远规划机制，为干部队伍的担当作为提供根本性的保障。

5.坚持科学考核树立正确导向

党的十九届四中全会强调："把制度执行力和治理能力作为干部选拔任用、考核评价的重要依据。"[1]考核评价是干部队伍建设的重要"指挥棒"，干部解决实际问题能力的提升更离不开这一"指挥棒"带来的重要导向作用。为保障干部队伍治理能力的提升，在治理实践中应进一步完善干部考核评价机制，精准考核干部解决实际问题的能力，坚持能者上、庸者下的选任用人原则，树立正确的用人导向。首先，突出干部解决实际问题能力的科学考察评价，把干部解决实际问题能力评价的各项指标做实，使考核评价具有科学性、有效性和可操作性，尤其要凸显干部在重大任务、重点工作、关键项目中解决实际能力的表现和应急处突的能力。坚持以考核评价为重要导向，加大奖惩力度，依据科学有效的考核评价机制激励提升干部队伍解决实际问题的能力。其次，确保考核的权威性与公信力。树立正确的导向与风向标，建立精准管用的评价机制，科学量化指标，突出实绩实效，

---

[1] 中共中央党史和文献研究院编.十九大以来重要文献选编（中）[M].北京：中央文献出版社，2021：297.

坚持日常督查和年底考核相结合，多到现场看，多见具体事，全方位、多角度了解干部解决实际问题的能力，客观评价干部的履职情况。最后，注重对干部考核结果的运用分析。健全考核评价机制，在治理实践中不断探索建立不同级别、不同类别干部解决实际问题能力的考核评价指标，细化分级别分类考核，用制度建设倒逼提升解决实际问题的能力。将干部对所从事领域的专业性工作以及对复杂问题的决策能力的考察做实，并将考核结果纳入绩效考核的重要内容，将考核结果作为干部选拔任用、培养教育和奖励惩戒的重要依据，以提升干部队伍提升解决实际问题能力的内驱力。

6. 坚持精准培训切实提升能力

领导干部提高解决实际问题的能力是一个永恒课题，这一课题在当前情况下更加凸显其重要性，提升解决实际问题的能力需要组织的精心培养，根据新任务与新问题的需要加大干部能力培训的力度，坚持按需培训，进行有针对性的培训。第一，针对时代需要加大能力培训力度。干部培训是干部队伍建设的基础工作，针对新时代干部队伍治理能力出现的短板，尤其是新型肺炎疫情防控期间暴露出的解决实际问题能力欠缺等问题，应依据实践要求加大干部队伍能力培训的力度。能力培训应围绕习近平总书记提出的七种能力，结合地区战略特点、发展目标与工作任务需要，紧密联系实际制定培训计划。第二，针对不同类别干部的需要做到分类培训。干部能力培训应做到务实、准确，针对不同类别、不同层级干部的岗位特点，制订与实际工作相对接的能力培训计划，设计科学务实的能力培训内容。在系统高效的培训中解答党的干部在实际工作中因能力不足而面临的困惑与难题，分类施教，在培训中真正提高党的干部解决实际问题的能力。第三，认真做好培训需求调研实现按需培训。培训需求调研是做好干部能力培训工作的核心所在，能力培训是否有效关键在于能否依据各类干部的真实需求设置培训内容，可以依靠发放问卷、座谈等方式进行培训前的需求调研，依据各级别干部的真实反馈制订有效管用的培训计划，使能力培训真正起到补齐短板、强化弱项、提升本领的重要作用。第四，依据实践需要创新培训方式。干部能力培训不同于理论讲授，仅仅依靠专题讲授传递知识已不能满足能力培训的需要，能力培训应具有实战特点，通过模拟实训演练来提升治理能力、形成思维习惯。尤其是面对突发的公共卫生事件，需要党的干部迅速进行分析研判,作出正确的决策。因此,能力培训可以选取典型案例与情景模拟来进行具有实战色彩的现场演练,使领导干部重新思考治理实践的各个环节,对决策进行重新研判分析,总结经验,在创新的培训方式中提升解决实际问题的能力。

"做"而论道——提升基层治理能力的实践探析

第五章 在干部队伍建设实践中探寻规律

第一节 干部队伍建设百年征程回望

（一）新民主主义革命时期党的干部队伍建设

新民主主义革命时期，随着革命形势的不断变化，党的干部工作不断做出调整：建党初期，干部工作处于探索时期，没有形成明确的干部路线，抗日战争时期，党的干部路线开始逐渐形成，这一时期的干部工作在党的历史上具有重要作用，解放战争时期，随着革命形势的迅速发展，中国共产党根据形势需要大批调配干部。新民主主义革命时期的干部队伍建设为革命的胜利提供了强有力的组织保障，也为新中国成立之后的干部工作奠定了重要的基础。第一，确立了党管干部原则。抗日战争时期，进一步明确党管干部原则，中央规定干部的考察与配备等工作由组织部负责。党管干部原则的确立使中国共产党掌握了干部工作的领导权，党能够对党的干部实行有效的监管，在抗日战争时期，中国共产党颁布和制定的干部工作相关的文件和制度共50多个。第二，提出了任人唯贤的干部路线与才德兼备的选任标准。1938年，毛泽东同志论述了干部队伍建设的重要性："中国共产党是在一个几万万人的大民族中领导伟大革命斗争的党，没有多数才德兼备的领导干部，是不能完成其历史任务的。"① 这一时期，中国共产党正式提出了任人唯贤的干部路线，毛泽东同志认为"任人唯亲"的干部路线是不正派的，"任人唯贤"的干部路线是正派的。党内广泛认同这一路线，并在干部选任的过程中始终坚持这一路线。第三，注重干部教育培训。中

---

① 毛泽东选集（第二卷）[M]. 北京：人民出版社，1991：526.

第五章 在干部队伍建设实践中探寻规律

国共产党在建党初期就非常重视对党员干部的教育培训，1923年通过的《教育宣传问题决议案》指出，要采取多种形式加强党员的马克思主义基本原理、党纲党章的学习讨论。这是中国共产党最早提出的党员干部教育问题相关文件。随着长期革命斗争实践的需要，中国共产党逐渐意识到党员干部培训的重要性，在抗日战争时期，更加关注干部教育培训工作，注重党员干部在职学习。第四，建立干部交流制度。在新民主主义革命时期，为了避免干部中存在的小团体等现象，党中央决定进行干部交流、调剂。党中央根据党管干部原则统筹安排，合理调配，不仅锻炼了干部的能力，也增进了干部之间的团结，并在以后发展中始终坚持干部交流制度。

（二）社会主义革命和建设时期党的干部队伍建设

新中国成立初期，百废待举，百业待兴，党和国家事业的重心由农村转移到城市，革命战争年代的工作方法已不适用新的工作任务，迫切需要一支能够适应城市工作、懂得政治工作和经济工作的干部队伍。这一时期，中国共产党开始加强干部队伍的理论与业务能力方面的建设。第一，党管干部原则在新中国的确立。为了破解新中国成立初期干部管理党政脱节的现象，1953年中央组织部印发《关于政府干部任免手续的通知》，其中规定干部的提名、考核、任免由党委承担，将干部管理工作集中到党的组织部门，这是新中国成立后，第一次明确确立党管干部原则。第二，干部队伍的建设与国家发展任务相适应。为了适应经济建设和"一化三改"的历史任务，打破以往的论资排辈的干部工作方法，开始大批选拔干部。由于各级政权建设、经济社会各项事业发展需要大批干部，开始了团结、改造留用人员的工作，解决了干部业务能力不足与数量不足的问题。第三，建立分部分级管理干部的体制。由于战争时期干部管理方法不适应干部队伍建设的需要，为了准确考察、提拔干部，建立了在中央及各级党委组织部门统一管理下的分部分级管理干部的制度。第四，注重干部的能力素质培训。面对党和国家建设任务，干部队伍能力不足，很多干部面临着本领恐慌。1951年第一次全国组织工作会议提出：应该把干部专业化问题提到我们的工作日程上来。干部队伍应该"有知识、有能力、不务空名、会干实事"[①]。

---

① 毛泽东选集（第二卷）[M]. 北京：人民出版社，1991：728.

中国共产党开始注重干部的业务能力培训，有计划的培养和提高干部的政治、理论、业务能力，确定了高中级干部进入党校轮训的制度，加强党校工作。第五，加强对干部队伍的管理，维护干部队伍纯洁性。针对干部队伍存在的作风、思想方面问题，开展"三反"运动。《党政干部三大纪律、八项注意》确定了干部参加劳动制度，形成新风气，增进干群关系。"文化大革命"给党的干部队伍造成了损失。党的干部工作在这一时期处于瘫痪状态，干部队伍出现知识体系与专业结构不合理等问题，干部年龄结构老化，干部队伍青黄不接。

（三）改革开放历史新时期党的干部队伍建设

改革开放以来，为了适应党的工作中心转移到发展经济的战略要求，党和国家采取一系列措施，解决干部队伍存在的问题。第一，形成干部队伍建设的"四化"方针。因懂经济、会管理的干部数量有限，邓小平提出了党的干部要"革命化、年轻化、知识化、专业化"[①]的方针，推动了干部知识结构和年龄结构的完善，在"四化"方针指导下，废除了领导职务终身制，实现了干部的新老交替。第二，平反冤假错案，落实党的干部政策。"文化大革命"结束后，在全国范围内平反冤假错案，全国共平反、纠正约300万名干部的冤假错案，分清了历史功过，调动了广大干部的积极性，为改革开放凝聚了力量。第三，逐步实现了干部管理的规范化、制度化。2000年印发的《2001—2010深化干部人事制度改革规划纲要》、2002年印发的《党政领导干部选拔任用工作条例》对今后一个时期干部队伍建设的基本方向做了进一步的明确，逐步完善干部教育培训、选拔任用和监督机制，加大力度监督干部选拔任用工作。干部队伍建设引用民主程序，实施差额选举、回避、党政领导任前公示、重要部门和关键岗位交流、离任审计等制度。民主推荐、民意测评、考试测评等形式成为干部选拔的主要方式。第四，党的十六大以后，进一步认识德才兼备的用人标准。党的十七届四中全会指出："坚持德才兼备，以德为先用人标准"[②]，为之后的干部队伍建设提供了根本遵循。第五，党的十六大之后，公开选拔、竞争上岗成为

---

① 邓小平. 邓小平文选（第二卷）[M]. 北京：人民出版社，1994：361.
② 中国共产党第十七届中央委员会第四次全体会议文件汇编[M]. 北京：人民出版社，2009：20.

干部选拔任用的主要方式之一，当空缺岗位适用于公开选拔时，逐步开始采用公开选拔的方式选用干部。公开选拔的目标是拓宽识人选人视野，在更大范围内择优选拔人才。这一时期干部队伍建设，破除了论资排辈的用人传统，年轻人才和专业人才脱颖而出，但也带来了一些负面效果，如"唯GDP论"滋生的形象工程、对生态环境的破坏问题，竞争性选拔方式导致的"不干事只拉票"等问题。

（四）中国特色社会主义新时代党的干部队伍建设

针对党的十八大以前干部选拔任用工作的弊端、中国进入发展的"新常态"以及新时代干部队伍建设出现的新问题，党中央对干部工作的思路与方向也随之作出调整。党的十八大以来，以习近平同志为核心的党中央丰富和发展了中国特色社会主义理论，提出了一系列干部队伍建设的新思想新论断，抓住领导干部这个"关键少数"，高度重视干部队伍建设。

1. 干部队伍建设的标准进一步具体化

干部队伍建设的标准具有导向性的重要作用，针对长期以来的干部队伍标准不具体，导向不清晰等问题，党的十八大以来，以习近平同志为核心的党中央针对干部队伍建设的标准进行了细化，明确新时代好干部标准。第一，明确好干部五条标准。在2013年全国组织工作会议上，习近平总书记提出"信念坚定、为民服务、勤政务实、敢于担当、清正廉洁"①的好干部五条标准。好干部五条标准根据新时代的需要明确了党党员干部的具体要求，以时代特征与问题导向凸显了干部队伍建设的标准与核心，在党内形成了干部队伍建设的根本遵循与重要导向。第二，深化好干部标准的内涵。习近平总书记提出好干部五条标准后，对好干部五条标准的内涵不断进行深化与丰富。提出一系列更为具体化的要求："四有"（心中有党、心中有民、心中有责、心中有戒②）、"四个人"（政治的明白人、发展的开路人、群众的贴心人、班子的带头人③）、"四铁"（铁一般信仰、铁一般信念、铁

---

① 习近平. 习近平谈治国理政 [M]. 北京：外文出版社，2014：412.

② 习近平. 习近平谈治国理政（第二卷）[M]. 北京：外文出版社，2017：141.

③ 中共中央党史和文献研究院编. 习近平新时代中国特色社会主义思想学习论丛（第二辑）[M]. 北京：中央文献出版社，2020：19.

一般纪律、铁一般担当①)等具体化的要求,这些具体化的要求丰富了好干部标准的内涵,使好干部标准更加具有科学性与操作性。第三,提出好干部的细分标准。由于干部队伍的专业复杂、分类较多、责任不同,根据这种情况,习近平总书记对不同专业、不同领域的干部队伍提出了更加细化的要求。对政法干部,习近平总书记强调"五个过硬"(政治过硬、业务过硬、责任过硬、纪律过硬、作风过硬②)、"四个忠于"(忠于党、忠于国家、忠于人民、忠于法律③)。针对党委办公厅(室)工作的干部,习近平总书记强调五个坚持(坚持绝对忠诚的政治品格、坚持高度自觉的大局意识、坚持极端负责的工作作风、坚持无怨无悔的奉献精神、坚持廉洁自律的道德操守④)。针对组工干部,习近平总书记强调"讲政治、重公道、业务精、作风好"⑤。以好干部五条标准为根本遵循,在此基础上根据干部队伍职责不同提出的细化标准,使好干部标准更加具体化、更具有可操作性与科学性。

2.干部队伍建设的方向进一步时代化

干部队伍建设有着鲜明的时代特征,不同时期的干部队伍建设有不同的特点与时代要求。第一,回应时代要求。党的十八大以来,以习近平同志为核心的党中央根据国际国内环境的变化,依据党的建设的新要求,不断将干部队伍建设的思想丰富发展:按照"四个全面"战略布局和新发展理念提出党的干部应具有"成为领导经济社会发展的行家里手"⑥的要求,提出"把握新发展理念,不仅是政治性要求,而且是知识性、专业性要求,因为新发展理念包含大量充满时代气息的新知识、新经验、新信息、新要求"⑦。在干部队伍建设的实践中,回应时代要求,依据国际国内新情况逐渐凸显时代要求。第二,注重执政本领。党的十八大以来,习近平总书记

---

① 习近平. 习近平谈治国理政(第二卷)[M]. 北京:外文出版社,2017:417.
② 习近平. 论坚持全面依法治国[M]. 北京:中央文献出版社,2020:235.
③ 习近平. 习近平谈治国理政(第三卷)[M]. 北京:外文出版社,2020:286.
④ 徐伟新,等. 中国新常态[M]. 北京:人民出版社,2015:120.
⑤ 习近平. 在全国组织工作会议上的讲话(2018年7月3日)[M]. 北京:人民出版社,2018:35.
⑥ 中共中央文献研究室编. 习近平关于全面建成小康社会论述摘编[M]. 北京:中央文献出版社,2016:199.
⑦ 习近平. 习近平谈治国理政(第二卷)[M]. 北京:外文出版社,2017:219.

高度重视干部队伍的工作能力问题，要求全党"尽快把我们各级干部、各方面管理者的思想政治素质、科学文化素质、工作本领都提高起来，尽快把党和国家机关、企事业单位、人民团体、社会组织等的工作能力都提高起来"[1]。这就要求在全面深化改革的实践中，党的干部应在自己的工作领域里不断提高工作能力，适应时代的发展变化。党的十九大明确提出全面增强执政本领，党员干部应增强执政本领，真正做到政治过硬，本领高强，在领导中国人民的社会主义建设的实践中，在各自的领域起到带头人的作用。第三，强调提升能力。随着改革的不断深化，对干部队伍的专业化、专门化提出了更高的要求。在全国组织部长会议上，习近平总书记明确指出，要着力提高各级干部政治素质和专业化能力；党的十八届五中全会指出，要优化领导班子知识结构和专业结构；党的十九大明确提出注重培养专业能力、专业精神，增强干部队伍适应新时代中国特色社会主义发展要求的能力。这些思想凸显了新时代选人用人的时代要求，传递了干部队伍建设的时代信息，为干部队伍建设提供了重要的现实依据。

3. 干部队伍建设的要求进一步规范化

党的十八大以来，干部队伍建设逐渐走向规范化，中央从党的十八大开始，出台了一系列规范干部工作的意见、规定等规章制度。一是加强监督管理。针对党员干部管理监督薄弱的问题，党中央不断完善领导干部报告个人有关事项、加强"裸官"管理以及干部选拔任用的事前监督、"凡提四必"（即凡提必审、凡提必核、凡提必听、凡提必查）等重要规定，推动干部队伍建设的制度不断完善。"层层传导压力，强化党员日常管理监督，拧紧管党治党的螺丝。"[2] 二是完善党内法规。完善干部队伍建设的党内法规是全面从严治党的根本之策，党的十八大以来，中国共产党不断修订相关党内法规，为党的干部工作提供重要保障。2013年12月，中共中央组织部印发《关于改进地方党政领导班子和领导干部政绩考核工作的通知》；2014年1月，中央修订《党政领导干部选拔任用工作条例》，新条例根据新形势、新问题作出修改与调整，为新时代干部工作提供了科

---

[1] 习近平. 习近平谈治国理政（第一卷）[M]. 北京：外文出版社，2018：105.
[2] 习近平. 在第十八届中央纪律检查委员会第六次全体会议上的讲话（2016年1月12日）[M]. 北京：人民出版社，2016：2.

学的可操作性依据；2015年7月，中共中央办公厅印发《推进领导干部能上能下若干规定（试行）》，"能下"两个字给了社会很高的期待，明确规定了领导干部下的情况与渠道；2016年8月，中共中央办公厅印发《关于防止干部"带病提拔"的意见》，提出了六个方面的要求，进一步完善干部选拔任用、提高选人用人质量、提高党的执政能力；2016年10月，中共中央通过了《关于新形势下党内政治生活的若干准则》和《中国共产党党内监督条例》，分别对干部选拔任用相关责任落实、选人用人监督问责等重要环节作出重要要求。党的十八大以来，一系列的党纪党规的修订与颁布，对党的干部队伍建设的科学性、可操作性与规范性提供了重要的保障。三是严管与厚爱相结合。根据新形势与新变化，中国共产党对领导干部的管理也不断作出调整与完善，在注重对领导干部激励的同时也强调对领导干部的约束。在干部管理的过程中，要求干部忠诚、干净、担当，严格按照党纪党规约束自己，自觉履行各项职责，同时也对干部"政治上激励、工作上支持、待遇上保障、心理上关怀"①。针对存在的部分党员干部不想为、不会为、不敢为的情况，习近平总书记提出健全容错纠错机制，党的十八届六中全会提出建立健全容错纠错机制，为作风正派、敢于担当、锐意进取的领导干部提供保障。党的十九大强调："坚持严管和厚爱相结合、激励和约束并重，……旗帜鲜明为那些敢于担当、踏实做事、不谋私利的干部撑腰鼓劲。"②在深化改革的实践中，面对党员干部干事创业的实践中存在的疑虑与困境，给予改革创新的信心和勇气，为敢于担当的干部保驾护航。同时，新时代干部队伍建设坚持以德为先、确定选人用人原则；突出政治标准、明细选人用人导向；注重专业能力，强调选人用人目标。

（五）坚持以德为先，确定选人用人原则

选人用人问题关系党的建设，选任什么样的人就有什么样的党风。习近平总书记在2013年全国组织工作会议上强调："好干部的标准，大的方面说，就是德才兼备。"③坚持正确的选人用人原则，应将德才兼

---

① 关于改进地方党政领导班子和领导干部政绩考核工作的通知[N]. 人民日报, 2013-12-10.
② 习近平. 决胜全面建成小康社会 夺取新时代中国特色社会主义伟大胜利——在中国共产党第十九次全国代表大会上的报告[M]. 北京：人民出版社, 2017: 64.
③ 习近平. 习近平谈治国理政[M]. 北京：外文出版社, 2014: 412.

备,以德为先的思想贯穿始终。2014年的《党政领导干部选拔任用工作条例》明确提出了德才兼备、以德为先。党的十九大报告对新时代的干部队伍建设提出了新要求,以德为先贯穿始终,确定了选人用人的重要原则。德才兼备是好干部的重要标准,不同时期对德才兼备的具体要求是不同的,习近平总书记强调的"政治上靠得住、工作上有本事、作风上过得硬、人民群众信得过"①就是深化改革的新时代德才兼备的重要要求,概括起来就是好干部五条标准。党的十九大确定了新时代中国共产党选人用人的重要原则,在坚持党管干部原则这一根本原则的基础上,坚持德才兼备、以德为先。在干部选拔任用工作中,德才兼备、以德为先体现了两点论与重点论的统一,德与才是考察干部的两个重要方面,二者都是非常重要的,缺一不可,而德是重要的先决条件。同时党的十九大提出坚持五湖四海、任人唯贤,坚持事业为上、公道正派,把好干部标准落到实处。事业为上是新时代中国特色社会主义事业的重要要求,当前中国的发展进入关键期,迫切需要大量敢于担当、干事创业的干部在各个领域发挥带头作用,这就要求选人用人坚持事业为上,真正选用那些事业心强、有担当、重实干创业的干部;公道正派,是选人用人的关键所在。这就要求在选人用人工作中讲原则,以党的事业去考量干部,讲党性,不讲私情,公道正派的主要标志就是任人唯贤,要求在选人用人的过程中把好干部标准贯穿始终。

(六)突出政治标准,明晰选人用人导向

用人导向问题是干部工作的决定性因素,关系着干部队伍的作风。明确选人用人应突出政治标准,是党的干部队伍建设的亮点。党的十九大报告明确指出"坚持正确选人用人导向,匡正选人用人风气,突出政治标准"②。选人用人突出政治标准体现了党的干部工作的重要政治定位,选人用人突出政治标准的用人导向,具有鲜明的问题导向与现实针对性。我国处于进行伟大事业的新时代,处于深化改革的关键期,在决胜全面建成小康社会的关键时期,选人用人无疑要突出政治标准,这是政党的政治属性的重要

---

① 习近平. 习近平谈治国理政[M]. 北京:外文出版社,2014:412.
② 习近平. 决胜全面建成小康社会 夺取新时代中国特色社会主义伟大胜利——在中国共产党第十九次全国代表大会上的报告[M]. 北京:人民出版社,2017:64.

要求,是确保党的团结统一的必然要求是凝聚党的力量,汇聚民心的关键所在。党的十九大报告明确指出要提拔重用牢固树立"四个意识"和"四个自信"的干部,内在的首要要求就是党的干部首先要在政治上达标,在选人用人工作中,首先考察政治素质,首关不过,余关莫谈,政治标准关系深化改革,关系党的事业。党的十九大在选人用人导向方面强调提拔重用坚决拥护党中央权威、全面贯彻执行党的理论和路线方针政策的干部,这就要求党的干部在深化改革的攻坚克难期跟得上中央的步伐,跟得上改革的步伐,与时代共命运,在自己的工作岗位上尽职尽责,坚决贯彻落实党的路线方针政策。新时代要求党的干部做到忠诚、干净、担当,首先就要做到忠诚,凸显选人用人的政治标准,这是新时代干部队伍建设的根本要求。

(七)注重专业能力,强调选人用人目标

中国特色社会主义进入新时代,面对新使命、新征程,对干部队伍的素质和专业化程度有了更高的要求。党的十九大报告指出,增强干部队伍适应新时代中国特色社会主义发展要求的能力,要注重培养专业能力、专业精神。党的十九大的这一新部署、新要求,紧紧围绕新时代中国特色社会主义实践发展的需要。第一,专业能力是领导干部的立身之本。干部队伍的专业能力随着时代的发展有着不同的要求,当前,中国特色社会主义进入新时代,中国社会的主要矛盾已经发生变化——人民日益增长的美好生活需要和不平衡不充分的发展之间的矛盾。新矛盾对新时代干部队伍的专业能力提出了更高的要求,"四个全面"战略布局和新发展理念要求党的干部不断更新认知体系,完善专业能力,成为在各自领域中领导经济社会发展的带头人。第二,专业精神是领导干部的为政之魂。从事任何工作,都需要有专业精神作为支撑,新时代的干部队伍面对新挑战、新部署,只有充满对岗位和职业的热爱与专注,积极有为,不断进取,这支队伍才会充满力量,拥有灵魂,能够很好地担当党和人民赋予的使命。一是要求领导干部以工匠精神投入工作,以优良的作风去对待自己的工作,不懈怠、不浮躁,多一份执着与专注。二是要求领导干部在工作中牢记全心全意为人民服务的宗旨意识。领导干部应把全心全意为人民服务的宗旨意识贯穿

第五章 在干部队伍建设实践中探寻规律

在工作中,作为专业精神的重要体现,始终怀着对人民群众真挚的情感投入工作。三是要求领导干部在工作中具有敢于担当的魄力。专业精神需要担当精神作为支撑,领导干部要在工作中为人民服务,就要有担当的勇气和魄力,敢于迎难而上,能够挺身而出。

党的十八大以来的干部队伍建设,深刻体现了党的组织路线与党的政治路线的紧密相连,党的政治路线是党的总路线,是中国共产党各项具体工作的基本路线和党的政策制定的根本遵循,党的组织路线为党的政治路线服务。回顾党的历史,从革命战争年代到社会主义建设时期再到改革开放的新时期,党的干部工作服务于党的政治路线,以实现党的政治路线为根本要求,紧紧围绕党的中心工作来展开。中国特色社会主义进入新时代,党的干部工作也紧紧围绕党的政治路线来进行。党的十九大关于党建工作的部署要求把党的政治建设摆在首位,强调党的政治建设是党的根本性建设,决定党的建设方向和效果。新时代党的干部队伍建设也强调选人用人突出政治标准,牢固树立"四个意识""四个自信"。党的干部要严格遵守政治纪律和政治规矩,永葆共产党人的政治本色。党的干部工作应随着时代的发展不断调整,着眼于新时代中国特色社会主义事业,建设一支政治过硬、本领高强的高素质专业化的干部队伍。

党管干部原则是党的干部工作的根本原则,是中国共产党在执政过程中体现的组织优势,也是新时代中国特色社会主义事业的组织保障,任何时候都不能动摇。正是由于中国共产党始终坚持了党管干部原则,把培养、选拔、管理、监督干部的权力牢牢掌握在各级党组织手中,保证了各级党组织建设的坚强有力。正如习近平总书记强调:"我们党之所以坚强有力,党管干部是很重要的原因,要自觉坚持党管干部原则。"[①]党的十九大强调坚持党对一切工作的领导,强调把政治建设摆在首位,要求全党要坚决执行党的政治路线。党的十八大以来干部工作的实践告诉我们,中国共产党在坚持党管干部原则的同时,应该随着新形势、新任务的要求不断完善党管干部的方法和内涵,在坚持党管干部原则的基础上,不断改进党管干部的方法,完善党管干部的制度建设,在深化改革的实践中努力探索新时代

---

① 习近平. 习近平谈治国理政(第二卷)[M]. 北京:外文出版社,2017:190.

党管干部的有效途径。因为党管干部是一个根本性的原则，而在不同的时期干部管理体制、方法与制度应该随着时代的发展变化而不断调整与完善。在干部队伍建设的过程中，应始终坚持党管干部原则不动摇，但在深化改革的实践中，要不断改进党管干部的方法。

第二节　百年干部工作史的经验启示

（一）干部队伍建设服务于党和国家中心工作

党的干部队伍建设始终服务于党和国家中心工作，新民主主义革命时期，中国共产党根据革命工作的变化和需要，不断调整和制定干部工作方针。新中国成立后，中国共产党根据全面建设社会主义的发展需要，对干部队伍提出了又红又专的要求，强调政治是第一位的，同时也要精通业务。党的十一届三中全会将工作重心转移到四个现代化建设上来，为了适应工作重心的转移，中国共产党提出了干部队伍建设的"四化"方针，为社会主义现代化建设提供了重要组织保障。党的十四大提出了建立社会主义市场经济体制的目标，干部队伍建设跟随中心工作做出调整，逐步引入竞争机制，提出了建设高素质干部队伍的要求。随着社会主义市场经济的发展，"发展才是硬道理"成为主流意识形态，干部成绩与作为的考核就体现在经济发展方面。党的十八大以来，中国的经济发展进入新常态，随着发展方式的转变，干部队伍建设也跟随发展方式的转变做出相应的调试，针对政绩考核，中央强调要突出科学发展观导向，不能简单以GDP论英雄。中国特色社会主义进入新时代，在"创新、协调、绿色、开放、共享"五大发展理念的引领下，干部考核逐渐注入新的要素，绿色发展成为干部考核的重要指标。

（二）坚持党管干部原则并在实践中改进管理方式

党管干部原则是党的干部工作的根本原则，是中国共产党建党100年的历程中体现的组织优势。中国共产党在建立苏维埃共和国时期初步确立

第五章 在干部队伍建设实践中探寻规律

了党管干部原则,在抗日战争时期逐步实现了干部工作的制度化。新中国成立后,干部的提名、考核、任免由党委承担,将干部管理权限集中到党的组织部门,明确确立党管干部原则。随着改革不断深入,中国共产党党管干部的管理方式也不断改进和完善。改革开放初期,在"少管、管好、管活"原则的指导下,干部队伍的管理实行分级分类的方式,干部管理的范围明显减少,随着干部管理实践的推进,对党的干部实行科学分类管理。党的十八大以来,在"四个全面"战略布局的指导下,全面从严治党成为重要的政治保障,党的十九大指出,全面从严治党永远在路上。在这一大背景下,党的干部管理工作不断规范化。一是加强干部的监督管理。针对干部工作中出现的监督管理薄弱的问题,十八大以来的干部监督管理工作围绕领导干部报告个人有关事项的不断完善、加强对"裸官"的监督管理以及干部选拔任用工作中的事前监督等工作展开。二是完善干部管理党内法规。《关于改进地方党政领导班子和领导干部政绩考核工作的通知》、2019年3月新修订的《党政领导干部选拔任用工作条例》《推进领导干部能上能下若干规定(试行)》《关于防止干部"带病提拔"的意见》《关于新形势下党内政治生活的若干准则》和《中国共产党党内监督条例》等相关党内法规针对干部管理中的重要环节作出要求,为党的干部队伍建设的科学性、可操作性与规范性提供制度保障。

(三)以实现人民利益为根本价值取向

建党一百多年来,党的干部队伍建设的宝贵经验之一就是以实现人民利益为根本价值取向,群众拥护、支持党选拔的干部,党的干部才能带领人民群众取得事业的成功,例如七大党章中着重强调了党的干部工作中的群众路线。新中国成立以后,中国共产党确定了干部参加劳动的制度,拉近了党的干部同人民群众之间的距离,干部关心群众,群众支持、相信干部。党的十一届六中全会指出:坚持各级领导干部经常深入基层、深入群众的制度。党的十八大以来,以习近平同志为核心的党中央坚持"人民对美好生活的向往就是我们的奋斗目标"的执政理念,从2012年的八项规定、群众路线教育实践活动,到党的十九大之后的深化中央八项规定精神的要求,体现了党的干部队伍建设始终关注于人民群众关心的问题,以解决人民群众关心关注的问题为干部工作的根本出发点,在实践中不断改进管理方式、完善干部队伍建设。党的十九大强调"坚持以人民为中心""把党的群众路线贯彻到治国理政全部活动之中"①。2018年的全国组织工作会议指出:把干部干了什么事、干了多少事、干的事群众认不认可作为选拔干部的根本依据。中国共产党干部队伍建设的经验告诉我们,以实现人民利益为价值取向建设党的干部队伍,才能在党的事业中凝聚力量,以人民公认的干部去带领人民取得深化改革的收获。

(四)将中国共产党的自身建设贯穿始终

建党初期,中国共产党就非常重视党员干部的作风建设,1929年古田会召开,毛泽东同志对党史军队中存在的主观主义、个人主义等错误观点进行了深入分析。新中国成立初期,党中央针对干部来源复杂的问题,进行干部队伍的审查工作;针对干部队伍在作风、组织与思想方面的问题,在机关干部中开展"三反"运动。改革开放初期,为了适应社会主义现代化建设的需要,邓小平一再强调"党应该是一个战斗的队伍,……有纪律的队伍"②。随着市场经济发展的新形势对党的干部队伍提出的新要求,干部工作在实践中作出调整:开始注重防止和纠正干部工作中出现的不正之风;不断加强干部的监督管理工作;逐渐完善和改进干部的考核工作。进入21世纪,中国共产党自身建设面临考验,党逐渐重视干部德的建设。2008年组织工作会议提出"德才兼备、以德为先"的用人标准,随着党的建设实践不断向前推进,自身建设更加体现在干部队伍建设的过程中;党的十九大提出"全面从严治党永远在路上""深入推进反腐败斗争",为新时代的干部队伍建设提供了重要指导,在干部队伍中加大反腐力度、推进领导干部"能上能下"制度不断完善,干部队伍建设的实践与经验体现了中国共产党的自身建设贯穿干部工作始终,推动党的干部工作与党的建设有机结合、相互促进。

---

① 习近平. 决胜全面建成小康社会 夺取新时代中国特色社会主义伟大胜利——在中国共产党第十九次全国代表大会上的报告[M]. 北京:人民出版社,2017:21.

② 邓小平. 邓小平文选(第二卷)[M]. 北京:人民出版社,1994:268.

（五）将年轻化作为干部队伍建设的重要根基

在中国共产党干部队伍建设的历程中，一项长久性、基础性、战略性的工作就是注重培养选拔年轻干部。新民主主义革命时期，为了适应革命形势的发展变化，中国共产党十分注重培养青年干部，1947 年刘少奇同志强调，要选择和训练一批青年干部。社会主义建设时期，中国共产党逐渐意识到，党和国家事业要向前发展，不仅需要正确的路线、方针、政策，更需要培养千百万党的事业的接班人。就像邓小平同志强调的，我们"要从人事制度上搞年轻化，保证开放政策的连续性"①。党的十一届三中全会之后，干部队伍老龄化问题凸显，干部队伍的"四化"方针为改革开放注入了新鲜血液，很好地推动了改革开放事业。针对通过公务员考试录用的从校门到机关门的年轻干部缺乏基层经验问题，党的十七届四中全会鼓励和提倡年轻干部到改革和建设的一线实践中去积累经验，不断历练。中国特色社会主义进入新时代，党中央更加注重年轻干部的选拔和培养，党的十九大指出："大力发现储备年轻干部，注重在基层一线和困难艰苦的地方培养锻炼年轻干部，源源不断选拔使用经过实践考验的优秀年轻干部。"②习近平总书记在 2018 年的组织工作会议上强调"各级党委（党组）要把关心年轻干部健康成长作为义不容辞的政治责任"③。在新中国成立以来的七十多年中，中国共产党注重培养年轻干部，在社会主义建设和改革的过程中，涌现出大批年轻有为的干部，经过实践的考验和磨炼，为党和国家事业贡献力量。党对年轻干部的培养，保证了党的事业的开放性、延续性，是党的事业向前发展的希望与信心。

---

① 中共中央文献研究室编. 邓小平年谱（1975—1997）[M]. 北京：中央文献出版社，2011：550.
② 习近平. 决胜全面建成小康社会 夺取新时代中国特色社会主义伟大胜利——在中国共产党第十九次全国代表大会上的报告（2017 年 10 月 18 日）[M]. 北京：人民出版社，2017：64.
③ 习近平. 在全国组织工作会议上的讲话（2018 年 7 月 3 日）[M]. 北京：人民出版社，2018：34.

"做"而论道——提升基层治理能力的实践探析

第三节 对干部队伍建设的一些思考

中国特色社会主义进入新时代,党的干部队伍建设也站在新的历史起点上。建设高素质专业化的干部队伍,应始终坚持问题导向引领新时代干部队伍建设、与时代要求相对接、以深化改革为动力、以制度建设为根本保障推进新时代干部工作不断向前。

（一）坚持问题导向引领新时代干部队伍建设

马克思告诉我们"问题就是公开的、无畏的、……问题就是时代的口号"①。在干部队伍建设的实践中,中国共产党直面问题,根据各个时期干部队伍出现的问题,及时做出方向调整,制度跟进,使党的干部队伍能够始终走在前列,领导人民群众取得社会主义建设、改革的瞩目成绩。新民主主义革命时期,中国共产党根据大革命失败后党内存在的一些思想混乱以及组织涣散等问题,认识到加强党的思想建设的重要性。新中国成立初期,针对干部队伍人数与能力不足以及干部队伍作风问题,开启了对干部的选拔、培养与管理。在改革开放初期,也正是问题导向推动党对干部工作的认识逐渐深化,针对干部队伍不适应经济发展需要、青黄不接等问题,中央提出了相应的干部发展思路。正如习近平总书记强调："问题是时代的声音"②,党的十八大以来,针对干部队伍出现的四大危险、四唯问题（即唯论文、唯职称、唯学历、唯奖项）、为官不为等问题,党中央制定了一系列政策措施,重新修订相关党内法规,直面问题,提出了显绩潜绩相统一、"三个区分开来"③等重要思想,推动干部队伍建设适应新时代的发展要求。干部队伍建设的实践启示我们,坚持问题导向,发现问题,破解问题,是

---

① 中共中央马克思恩格斯列宁斯大林著作编译局编译. 马克思恩格斯全集（第四十卷）[M]. 北京：人民出版社, 1982：289.

② 中共中央文献研究室编. 习近平关于协调推进"四个全面"战略布局论述摘编[M]. 北京：中央文献出版社, 2015：157.

③ 习近平. 论坚持党对一切工作的领导[M]. 北京：中央文献出版社, 2019：169.

我们向前发展的动力。

新时代干部队伍建设更应坚持问题导向，一是树立问题意识。读懂干部工作的实践经验，通过反思历史，不断找准规律，将历史与现实对接，运用历史规律树立问题意识，善于发现干部工作中不断出现的新问题、新情况，积极应对，有效破解，把问题作为干部工作不断完善的重要推动力。二是关注干部群众反映强烈的问题。在干部工作的实践中，干部群众反映强烈的问题往往意味着亟须解决的矛盾，应以这一类问题为导向，关注干部群众的困惑与诉求，探寻问题的根源，找准问题的症结，潜心研究解决问题的根本方法。三是把干部工作下沉到基层，通过调研精准找到干部工作中存在的问题。新时代干部工作应关注基层，倾听基层的声音，以基层问题推动工作思路的转变与制度的完善：干部队伍建设离不开基层的调研，将问题导向带入基层调研中，不仅能找准现实存在的问题，更能对未来可能出现的问题进行预判，着眼于脚下，放眼于未来。通过调研，善于发现、找准干部队伍中存在的问题是新时代干部队伍建设的重要推动力。

（二）将干部队伍建设与时代需求相对接

中国特色社会主义进入新时代，中国共产党人的使命与任务更加艰巨，国际国内的形势与新时代中国特色社会主义的发展任务要求党的干部符合时代的要求具有高素质与专业素养，这就要求新时代党的干部队伍建设与时代要求相对接。第一，应完善新时代让优秀干部脱颖而出的机制。用人导向是最好的激励，用人导向的激励能够凝聚人心、能够激励广大干部干事创业的热情。同时，如何拓宽选人用人视野，将优秀人才凝聚到党和国家事业的发展中来，是新时代干部队伍建设的重要要求。如何让优秀干部脱颖而出，给优秀干部更广阔的施展平台，凝聚优秀人才，关乎党和国家事业的发展。第二，根据时代需要培训干部队伍的专业素养。当今世界发展日新月异，新时代中国特色社会主义事业要求党的干部要有较高的专业素养。首先，干部专业能力的培训应找准干部的真实需求，做好充分的需求调研，给干部真正需要的专业能力培训。其次，需要党的干部培训工作能够紧跟时代需求，不断提高培训质量，完善培训机制。第三，根据时代需求以科学的机制激励干部担当作为。干部的担当作为在党的事业发展的各个阶段起到了至关重要的作用,新时代干部队伍建设的关键问题在于如何以科学的机制激励干部的担当作为。首先,进一步科学、精准地考核干部,近距离接触、了解干部,让真正敢于担当的干部得到正向的激励是新时代干部工作中一项根本性、保障性的制度建设。其次,如何更加准确地界定容错纠错的边界,精准地细化容错纠错的方式与内容,激励干部的担当作为,给敢于担当的干部提供重要的制度保障。

(三)以改革为动力推进新时代干部队伍建设

中国共产党成立一百多年来干部队伍建设的经验让我们清醒地认识到,改革是干部队伍建设的内在动力,党的干部队伍建设直面问题,不断改革,实现完善与发展。新时代党的干部队伍建设更应持续解放思想、更新认知,深化改革,以改革为原动力在实践中实现制度的完善。建党一百多年来,党的干部工作始终以改革的勇气与魄力不断探索、革新、完善,以改革精神实现干部工作的理论创新。中国特色社会主义进入新时代,以习近平同志为核心的党中央以选拔和培养党和人民需要的好干部为根本方向,提出了一系列选人用人新思想、新要求,形成了具有鲜明时代性的干部队伍建设新理念。新时代应继续推进改革创新的实践,通过深化改革破除束缚干部队伍建设的藩篱,推进干部工作中各项体制机制的改进和完善。通过深化改革进一步激励党的干部干事创业的热情和勇气,用不断完善的体制机制保障干部队伍的担当作为、创新创业,铸牢新时代干部队伍建设的根基。

(四)以新形势为指引关注基层干部队伍建设

基层干部与人民群众联系最为密切,基层干部队伍的素质与能力直接关系着国家政权、治理能力以及基层社会的稳定。在"六稳"工作(即稳就业、稳金融、稳外贸、稳外资、稳投资、稳预期)和"六保"任务(即保居民就业、保基本民生、保市场主体、保粮食能源安全、保产业链供应链稳定、保基层运转)的大背景下,新时代干部工作应关注基层,为"六稳"工作和"六保"任务提供坚强的组织保障。尤其在新冠肺炎疫情期间,我们看到了基层党员干部肩负的重要使命和起到的关键作用,如何将优质的资源、优秀的干部以及优先政策下沉到基层,激发基层干部担当作为、服务人民群众、带领人民群众干事创业的积极性，把基层党组织建设成坚强的战斗堡垒，是新时代干部队伍建设的重中之重。第一，积极破解基层干部队伍存在的问题。应以真实的调研找出基层干部队伍存在的问题，以积极梳理问题为动力开启新时代基层干部工作。面对基层干部队伍现存的工作任务繁杂、工作压力较大、待遇有待进一步提高、能力不足、担当不够等问题，应以体制机制完善为保障、以持续深化改革为推动力，积极面对，着力破解。第二，关心和爱护广大基层干部。基层干部队伍建设直接关系着治理体系现代化，关系着在重大使命任务面前的凝聚力与战斗力，新时代干部队伍建设应重视基层、支持基层，资源与政策向基层倾斜，保障基层的合理待遇，为真正敢担当、善作为、有能力领导人民群众干事创业的优秀基层干部提供更广阔的平台。第三，进一步为基层减负。基层干部的主要职责是了解群众所思所想、了解群众诉求、近距离接触群众、服务群众，引导群众、团结群众实现基层治理。第四，提升基层干部队伍的治理能力。"六稳""六保"任务基层工作艰巨，在完成疫情防控常态化工作下，如何进一步提升基层干部的治理能力，以现代化的思维、工作方式与治理能力应对风险挑战。

（五）以新任务为重点提高干部队伍治理能力

党的十九届四中全会立足当前形势，着眼中国特色社会主义事业未来发展，强调"把提高治理能力作为新时代干部队伍建设的重大任务"[①]，为党的干部队伍建设作出重大战略部署，新时代建设一支懂治理、善治理的高素质专业化干部队伍的任务尤为紧迫。从新中国成立以来干部队伍建设的历程中我们能看到，干部队伍建设积累了宝贵的经验，党的十八大以来，我们在干部培养、干部选拔任用、干部管理、干部考核等方面有了进一步的完善。但是面对新形势、新问题，我们也应该清醒地认识到，干部队伍建设仍然存在一些问题和不足，部分干部的治理能力不能很好地适应新时代中国特色社会主义事业的需要，提升干部的治理能力成为新时代干部工作的重中之重。

提高政治素养。党员干部必须自觉讲政治，对国之大者要心中有数，

---

① 中国共产党第十九届中央委员会第四次全体会议文件汇编[M].北京：人民出版社，2019：67.

关注党中央在关心什么、强调什么,深刻领会什么是党和国家最重要的利益、什么是最需要坚定维护的立场,切实把增强"四个意识"、坚定"四个自信"、做到"两个维护"落实到行动上。政治上过不过硬,要看关键时刻靠不靠得住。在具有许多新的历史特点的伟大斗争中,党员干部要把对党忠诚、为党分忧、为党尽职、为民造福作为根本政治担当,始终保持政治定力,不断增强政治敏锐性和政治鉴别力,善于从政治上分析和解决问题。在大是大非面前,要勇于并善于发声和"亮剑",始终在政治立场、政治方向、政治原则、政治道路上同以习近平同志为核心的党中央保持高度一致。

完善知识结构。随着我国经济社会快速发展,社会问题呈现专业性、关联性强等特征,社会治理面临的形势更为复杂多变。只有加强学习,才能增强各项工作的科学性、预见性、主动性。广大党员干部要强化学习思维,把学习作为终身课题。深入学习马克思主义理论,特别是习近平新时代中国特色社会主义思想,认真学习党的大政方针、党纪国法,系统学习党史、新中国史、改革开放史、社会主义发展史,掌握马克思主义立场观点方法,提高文化素养和思想政治修养。同时,坚持干什么学什么、缺什么补什么,结合工作实际不断提高知识化、专业化水平,增强发现问题、解决问题的能力,并自觉将学习成果运用到社会治理实践中,真正做到学以致用、用以促学、学用相长。

加强实践锻炼。实践出真知,锻炼长才干。到实践中经风雨、见世面、壮筋骨,是提升治理能力的有效途径。党员干部要勇于直面社会治理中的热点、痛点、难点问题,深入基层、蹲在一线,到矛盾集中、任务繁重、局面复杂的地方啃硬骨头、接烫手山芋,不断探索社会治理的新特点,总结好经验,提升狠抓落实、应对风险挑战的能力。要尊重人民主体地位和首创精神,深入群众、扎根群众,与群众打成一片,准确了解他们的所思、所盼、所忧、所急,着眼群众工作细微之处,想群众之所想,急群众之所急,办群众之所需,不断提升社会治理精细化水平。要自觉拜人民为师,虚心向能者求教、向智者问策,善于从人民群众中汲取社会治理的智慧和力量,在实践锻炼的过程中加强专业化建设。如果说德才兼备是对干部队伍的整体要求,那么专业化则是对干部队伍胜任力的具体要求。党章规定的各级领导干部必须具备的六项条件,是德才兼备原则的具体化。干部队伍建设的"四化"方针，是一个完整的体系，不能割裂，不能偏废。党的干部队伍建设不仅要始终坚持革命化的基本方向，把准年轻化的建设特点，更要在知识化的基础上，不断提升干部的专业化水平。这样，才能在把好政治关卡的同时，造就一直忠诚干净、担当型、专业能力过硬的坚强队伍，才能使干部依靠坚定的政治理想和真才实学融入中华民族伟大复兴的生动实践之中。要重点健全干部队伍教育学习的各项制度，强化对干部的教育管理。对党的干部开展长期的教育，关键要依靠健全的制度，依靠制度确保干部教育的长期开展。中国共产党始终注重总结干部学习教育工作中的实践经验和成功做法，继承和发展那些具有高度可操作性的有益经验，并以制度的形式加以确定，推进了干部学习教育的制度化、规范化和科学化发展。通过健全制度保障，为开展党员培训教育保驾护航，确保教育实效，提升党员干部的综合素质和能力，从而提高党员干部干事创业的胜任力。

加强纪律建设。习近平总书记强调："要加强纪律建设，把守纪律讲规矩摆在更加重要的位置。"① 规矩意识不仅是一种政治觉悟，更是一种现代治理素养。推进社会治理现代化，迫切需要党员干部强化规矩意识，上紧制度规矩的"发条"。坚决贯彻执行政治纪律、严守政治规矩，确保令行禁止、政令畅通。以党章、党规、党纪和国家法律法规为准绳，时刻牢记制度红线不可逾越、法规底线不能触碰，管牢手中权、管住身边事、管好身边人，正确处理公和私、情和法、利和法的关系。要始终做到言行一致、表里如一，严格按照制度履行职责、行使权力、开展工作，切实把我国制度优势转化为治理效能。

（六）以新要求为标准实现干部工作制度跟进

中国共产党干部队伍建设一百多年的历史经验告诉我们，制度是向前发展的根本保障。新时代党的建设总要求强调把制度建设贯穿其中，将制度建设作为干部工作的根本保障，以选人用人新要求完善制度建设是新时代干部队伍建设的内在要求。一是以选人用人突出政治标准的要求完善干部培养选任制度。党的十九大提出选人用人应突出政治标准，如何在新时代干部工作各个方面精准凸显政治标准，需要在干部选用、教育培训、监

---

① 习近平. 论坚持党对一切工作的领导[M]. 北京：中央文献出版社，2019：88.

督管理、考核评价等方面实现体制机制的完善,来保障对干部政治标准的培养与考量。以科学的机制来衡量干部的政治忠诚与政治担当,将干部评价程序标准化、有效化、精准化,进而更加科学、客观地识别干部,将政治标准精准地体现在干部队伍建设的各个环节。二是围绕新担当新作为完善干部考核评价体系。新时代干部队伍建设的重要任务是以科学的机制激励新担当、新作为。如何以科学的机制激励客观公正地评价干部的担当作为成为重要推动力。对干部担当作为的考核评价是重要的风向标,能否客观公正考评,是激励机制是否奏效的根本性程序;能否将考核结果运用到干部选任过程中,是激励机制是否奏效的发力器。应做好激励干部担当作为考核评价的制度跟进,将考核标准做细、将考核过程做实、将考核内容做准,准确无误、真实有效地考核干部的担当作为,真正激发出干部的担当作为,助推决策实施、保障攻坚克难。三是紧跟新时代需求,为提高执政本领提供制度保障。党的十九大依据新时代需求提出增强"八大执政本领"(即学习本领、政治领导本领、改革创新本领、科学发展本领、依法执政本领、群众工作本领、狠抓落实本领和驾驭风险本领),这就要求干部队伍建设依据新要求完善干部培养的制度建设。干部的执政本领如何与新时代的新要求对接,紧跟深化改革的步伐,培养与锻炼机制应随之做出调试:把握干部真实需求,制定培养机制;依据干部成长规律,形成锻炼计划;根据高质量发展要求,完善长远规划机制,为新时代高质量发展提供根本制度保障。

通过构建责任落实体系,强化权力与责任的对应关系,进一步明责、考责和追责,促使党员干部负责担当,减少慢作为、不作为、乱作为等行为的发生。

首先要做到的就是对责任体系的明晰。责任的分解和传导通过责任分解和压力传导,使党员干部知责、明责、尽责。要细化岗位责任,量化岗位目标,将目标任务与责任分解结合起来,明确近期目标、中长期目标的责任,划分好责任层级,厘清各部门、上下级之间的权责分工,层层压实责任,层层传导压力,使每一项工作有专人负责,并落实到位。对各单位、部门来说,党政一把手要切实履行好"第一责任人"的职责,充分发挥示范带头作用,加强组织领导和督促检查;分管领导把好各自关口,认真抓好分管领域工作；坚持问题导向，善于把握问题本质，找准问题症结，以便对症下药、综合施策；制定好责任清单，严格压实联防联控责任，把责任层层分解到每个岗位，并督促落实到位。

其次是对责任落实的考核制度。责任的考核和监督加强责任考核的目的是看党员干部有没有履职正确和履职到位。责任监督考核要杜绝形式主义和官僚主义，勇于"亮剑"，考出实效。一是建立公平公正、科学合理的考核制度。责任主体要明确，考评指标、评分细节具体科学，考评方式公平合理，真正考出差距，评出优劣，合理奖惩，激励大家履职尽责。二是强化监督，打造"纪检监督+群众监督+舆论监督"模式。

最后应做到问责的及时和精准。问责，体现的是权责一致原则，有权必有责，有责必担当，失责必追责。问责是落实各项工作部署的强力举措，是提升党和政府公信力与权威性的重要手段，也是增强党员干部责任担当的重要动力机制。一是明确责任主体。对党委一把手和班子成员、党员干部等应履行职责和失职责任做出清晰而明确的界定，重点聚焦有权无责、权大于责、谁来担责等问题。二是及时问责。对党员干部不担当不作为、失职渎职等行为及时问责。三是精准问责。坚持权责一致，在查清问题的基础上，弄清问责重点，是谁的责任就问谁的责，把"板子"精准打到具体人身上，防止问责不力或问责泛化、简单随意等问题，严管与厚爱并重，充分发挥问责激发党员干部担当作为积极性的作用。基层党员干部本就压力巨大，工作中容易出错，因此，精准问责尤为必要。

党的二十大指出："全面建设社会主义现代化国家，必须有一支政治过硬、适应新时代要求、具备领导现代化建设能力的干部队伍。"① 百年中共党史，也是一部党员干部的担当史。各个历史时期政治路线确定之后，党的干部队伍就成为推动党和国家事业继续向前发展的重要力量。百年风雨兼程，中国共产党的干部队伍建设经历了不平凡的历程，党的干部队伍建设有辉煌也充满曲折，一代代人接续奋斗，一个个接力棒奋力交接。回望来时路，中国共产党人解放思想、勇于担当、改革创新、人民至上，培

---

① 习近平. 高举中国特色社会主义伟大旗帜 为全面建设社会主义现代化国家而团结奋斗——在中国共产党第二十次全国代表大会上的报告（2022年10月16日）[M]. 北京：人民出版社，2022：66.

养了符合时代需要的干部队伍。面向未来,中国共产党人也将不忘初心,继续前行,紧跟新时代需要,直面问题、勇于创新、制度跟进,提升干部队伍的治理能力,为中华民族伟大复兴提供强有力的组织保障。

结　　语

党的干部是党和国家事业的中坚力量，干部队伍建设关系国家兴旺发达、长治久安和人民生活幸福。百年风雨征程，中国共产党在不同历史时期培养和造就了一批又一批、一代又一代适应革命、建设和改革需要的领导骨干和坚强有力的干部队伍。正因为有一支在经受各种考验中不断历练的干部队伍，我们党才战胜了各种艰难险阻，始终保持着强大的凝聚力和战斗力，不断从胜利走向胜利。

干部队伍的素质要求由特定历史时期的社会主要矛盾和社会主要任务决定。当前，百年未有之大变局加速演进，世界之变、时代之变、历史之变正以前所未有的方式展开，需要应对的风险挑战、需要解决的矛盾和问题比以往更加错综复杂。全面建设社会主义现代化国家，"必须有一支政治过硬、适应新时代要求、具备领导现代化建设能力的干部队伍。"① 这是党中央着眼于新形势新任务对干部队伍建设提出的基本要求。

又踏层峰辟新天，更扬云帆立潮头。百年大党，正意气风发向第二个百年奋斗目标进军，在实现第二个百年奋斗目标的征程上，一支堪当民族复兴重任的高素质干部队伍是新时代全面建设社会主义现代化国家的组织保障，将推动中华民族伟大复兴号巨轮乘风破浪、扬帆远航。

---

① 习近平. 高举中国特色社会主义伟大旗帜　为全面建设社会主义现代化国家而团结奋斗——在中国共产党第二十次全国代表大会上的报告（2022年10月16日）[M]. 北京：人民出版社，2022：66.

参 考 文 献

[1] 中共中央文献研究室编. 邓小平年谱（1975—1997）[M]. 北京：中央文献出版社，2004.

[2] 中共中央文献研究室编. 三中全会以来重要文献选编[M]. 北京：人民出版社，1982.

[3] 陈希. 培养选拔干部必须突出政治标准[J]. 人民日报，2017-11-16（06）.

[4] 李红锋. 努力建设高素质干部队伍[M]. 北京：中共中央党校出版社，1996.

[5] 李民. 邓小平的干部观[M]. 北京：中共党史出版社，2000.

[6] 王旸. 新时期党的干部制度建设[M]. 北京：中央党史出版社，2006.

[7] 高兰，张建国，岳东峰. 干部制度改革与创新[M]，北京：中共中央党校出版社，2001.

[8] 中共中央组织部研究室. 干部人事制度改革[M]. 北京：中国方正出版社，2004.

[9] 吴瀚飞. 中国公开选拔领导干部制度研究[M]. 北京：中国社会科学出版社，2002.

[10] 吴志华. 干部竞争性选拔及其优化路径[M]. 上海：上海人民出版社，2013.

[11] 钟曼丽. 社会性别视角下的我国女性干部选拔政策研究[M]，北京：中国经济出版社，2012.

[12] 李烈满. 健全干部选拔任用机制问题研究[M]. 北京：中国社会科学出版社，2008.

[13] 冯秋婷. 促进科学发展的干部考核评价机制建设[M]. 北京：中央党校

出版社，2009.

[14] 庄国波. 领导干部政绩评价的理论与实践[M]. 北京：中国经济出版社，2007.

[15] 沈远新. 新时期领导者行政能力测评与提升[M]. 北京：中共中央党校出版社，2001.

[16] 王莉. 政工干部素质析评与建设[M]. 北京：中共中央党校出版社，2001.

[17] 潘云良. 领导者素质分析与测评[M]. 北京：中共中央党校出版社，2002年.

[18] 魏茂明，王守光. 新时期干部教育概论[M]. 北京：中共中央党校出版社，2004.

[19] 张亚勇. 新时期干部教育成长与执政党建设[M]. 天津：天津人民出版社，2015.

[20] 王守光. 延伸的干部教育培训之路[M]. 北京：中共中央党校出版社，2007.

[21] 陈雨田. 新时期干部教育学习转型[M]. 北京：党建读物出版社，2009.

[22] 黄文华. 干部教育培训设计与管理[M]. 北京：红旗出版社，2008.

[23] 李小三. 中国共产党干部教育简史[M]. 北京：中共党史出版社，2009.

[24] 张腾霄. 中国共产党干部教育研究资料丛书[M]. 北京：中国人民大学出版社，1989.

[25] 冯俊. 干部教育培训改革与创新研究[M]. 北京：人民出版社，2011.

[26] 王泉著. 中国共产党干部教育创新研究[M]. 北京：人民出版社，2011.

[27] 杨长青. 领导干部权力监督研究[M]. 北京：中央文献出版社，2003.

[28] 许连纯. 新时期干部权力监督概论[M]. 北京：中共中央党校出版社，2001.

[29] 孟祥馨，楚建义，孟庆云. 权力授予和权力制约[M]. 北京：中央文献出版社，2005.

[30] 谢志高. 党内监督概论[M]. 北京：中国方正出版社，2004.

[31] 陈凤楼. 中国共产党干部工作史纲（1921—2002）[M]. 北京：党建读

物出版社，2003.

[32] 蔡长水. 从严治党干部读本[M]. 北京：中共中央党校出版社，2000.

[33] 谢春涛. 中国共产党如何治理国家[M]. 北京：新世界出版社，2012.

[34] 蒯正明，付启章. 中国共产党制度建设科学化研究[M]. 北京：中国社会科学出版社，2013.

[35] 齐卫平. 政党治理与执政能力建设研究[M]. 上海：上海人民出版社，2014.

[36] 陈丽凤. 中国共产党领导体制的历史考察[M]. 上海：上海人民出版社，2008.

[37] 李松玉. 制度权威研究：制度规范与社会秩序[M]. 北京：社会科学文献出版社，2005.

[38] 王庭大. 党的制度建设科学化研究[M]. 北京：党建读物出版社，2011.

[39] 辛鸣. 制度论：关于制度哲学的理论建构[M]. 北京：人民出版社，2005.

[40] 李君如. 中国共产党执政史概要[M]. 上海：上海人民出版社，2011.

[41] 蔡长水，叶梧西，梁妍慧. 党的建设历史经验与热点问题[M]. 北京：中共中央党校出版社，2001.

[42] 蒯正明. 九十年来中国共产党干部制度建设的探索历程与基本经验[J]. 社会主义研究，2011（03）.

[43] 张亚勇. 干部制度改革30年的成功实践及主要经验[J]. 理论探讨，2009（02）.

[44] 肖鸣政. 党政领导人才评价标准问题研究[J]. 北京大学学报（哲学社会科学版），2005（03）.

[45] 杨成富，王珩力，杨锭. 建立党政领导干部选拔任用工作考核评价制度问题研究[J]. 理论与改革，2005（05）.

[46] 杜言敏. 深化干部考核制度改革：增强党的执政能力的重要支点[J]. 理论探讨，2004（06）.

[47] 陈松友，刘帅. 制度治党：优化党内政治生态的现实性及路径选择[J]. 河南社会科学，2016，24（05）.

[48] 石仲泉. 锻造坚强领导核心之路——学习习近平关于思想建党和制度治党相结合的思想[J]. 中共党史研究, 2016（07）.

[49] 谢璐妍. 中国共产党制度治党探讨[J]. 探索, 2015（01）.

[50] 刘启春. 制度治党的提出背景、实现途径和基本思路——基于习近平有关论述的分析[J]. 党的文献, 2016（02）.

[51] 黄家茂, 王海军. 全面从严治党视域下制度治党的基本路径探析[J]. 湖湘论坛, 2016, 29（02）.

[52] 包心鉴. 全面从严治党优化党内政治生态的根本环节——从邓小平"制度建党"到习近平"制度治党"[J]. 党政研究, 2016（06）.

[53] 孙新. 全面从严治党视阈下的党的建设制度改革[J]. 科学社会主义, 2016（04）.

[54] 任晓伟. 延安时期思想建党和制度治党紧密结合的历史经验[J]. 中国特色社会主义研究, 2016（05）.

[55] 吴桂韩. 政党治理与全面从严治党思考[J]. 中国特色社会主义研究, 2015（02）.

[56] 王华华. 制度治党：中国共产党长期执政的价值选择与推进路径[J]. 岭南学刊, 2017（01）.

[57] 储霞, 牟广东, 金业钦. 党的建设制度改革的理论与实践[J]. 中共中央党校学报, 2015, 19（02）.

[58] 彭文龙, 陈世润. 思想建党与制度治党相结合：中国共产党党建规律的伟大探索[J]. 探索, 2015（02）.

[59] 包心鉴. 论制度治党[J]. 观察与思考, 2016（12）.

[60] 吴永生. 权力监督与国家治理能力现代化[J]. 理论探索, 2015（02）.

[61] 李娣. 试析党的制度执行力问题[J]. 中共福建省委党校学报, 2010（04）.

[62] 姜裕富. 政治生态学视角下党的制度执行力研究[J]. 广西社会科学, 2013（11）.

[63] 刘意. 十八大以来全面从严治党制度创新研究[J]. 长白学刊, 2016（01）.

[64] 高国舫. 干部选拔任用机制科学化探索[J]. 长白学刊，2011（01）.

[65] 韩强. 对建立和完善党政领导干部考核评价指标体系的若干思考[J]. 政治学研究，2003（04）.

[66] 冯振广. 论建立干部选拔任用机制[J]. 政治学研究，2003（02）.

[67] 涂小雨. 论提高制度执行力[J]. 中央社会主义学院学报，2016（04）.